儀禮復原研究叢刊

儀禮特牲少牢有司徹祭品研究

儀禮士喪禮器物研究

中華書局印行

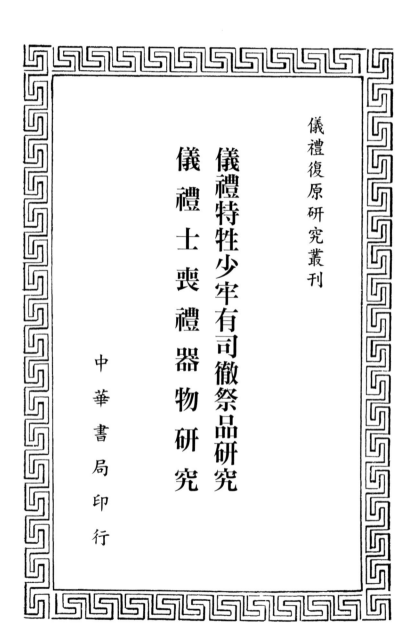

儀禮特牲少牢有司徹祭品研究

（吳達芸著）

儀禮復原研究叢刊序

儀禮一書，為我國先秦有關禮制、社會習俗，最重要而對於儀節敘述最詳盡的一部書。它是經儒家傳授，源流有自。其內容或不免雜有儒者的思想成分和主張；但是這類有關社會習俗，制度等等的著作，不可能毫無事實根據或歷史傳說，而全然憑空臆造。況且儒家是保存，傳授古代典籍的專家，由他們手中流傳下來的典籍，其中必然有一大部份是它以前，或當時的史實。因此，尤其在史闕有間的今天，這部書不能不算是我國先秦禮俗史上最詳細的史料。可是因為其儀節的繁複，文法的奇特，句讀的難解，所以專門來研究它的人，愈來愈少。李濟博士有鑑於此，特倡導用復原實驗的方法，由東亞學會撥予專款，由台灣大學中文系、考古系同學成立小組，從事集體研討。由台靜農先生任召集人，由德成指導。

儀禮一書自鄭康以來，注解者雖名家輩出，但囿於時代之關係，其所用方法及資料，由今以觀，似乎尚覺方面過少。故此次之研究，各分專題，運用考古學、民俗學、古器物學，參互比較文獻上材料，以及歷代學者研究之心得，詳慎考證，納為結論，然後將每一動作，以電影寫實的方法表達出來；使讀是書者，觀其文而參其行，可得事半功倍之效。

惟此種方法，為我國研究古使第一次采用的方法，嘗試之作，疏漏在所難免。影片除另製作外，茲將專題報告，各印成書，集為叢刊，以備影片參考之需。指導者既感學植之剪陋；執筆者或亦覺其學之難以濟志。尚希海內通儒達人，不吝教之，幸甚！幸甚！

最後對於李濟博士提倡學術之意，致崇敬之忱，並致最深誠摯之謝意。

中華民國五十八年十二月十八日

孔德成序

儀禮特牲少牢有司祭品研究 目次

壹、敘論……一
貳、祭品的烹調、切割及裝盛……四
A、腊、脯、腵脩……四
B、醓、醢……八
C、菹……一二
D、羹、湆、臐、膮……一五
E、炙、燔……一九
F、胾、膚……二三
G、麷、蕡、白、黑……二六
H、糗餌、粉餈……二八
I、酏食、糝食……三一
J、棗、栗……三四
K、黍、稷……三四
L、魚……三七

M、牲……四〇
N、酒……四八
叁、祭品在席前的排設……四九
A、特牲篇……四九
一、陰厭……四九
二、尸入九飯……五〇
三、主人初獻……五一
四、主婦亞獻……五二
五、賓三獻……五三
六、獻賓與兄弟……五五
七、嗣子、長兄弟、餕……五六
B、少牢篇……五七
一、陰厭……五七
二、尸十一飯……五八
三、主人獻祝及兩佐食……五九
四、餕……六一

壹　敘論

特牲、少牢、有司徹在儀禮中雖佔三篇，實在只指兩種祭禮。特牲鄭注：

鄭目錄云：「特牲饋食之禮，謂諸侯之士祭祖禰」。

又少牢鄭注則說：

鄭目錄云：「諸侯之卿大夫，祭其祖禰於廟之禮」。

至於有司徹，則清楚地標出：

鄭目錄云：「少牢之下篇也，上大夫既祭，儐尸於堂之禮」。

因此，所謂「特牲、少牢、有司徹祭品之研究」，實在只概括特牲饋食禮和少牢饋食禮兩種禮節所用的祭品而已。

這兩種禮節都祭祖禰；所以一稱「特牲」、一稱「少牢」，李如圭云：

特牲一豕也。

韋昭云：

凡牲一為特，二為牢。

由儀禮本文及注看來，特牲所用之牲僅一豕而已。少牢所用之牲為羊、豕二物，十分分明。此外，卿大夫比士的位爵高，祭禮當然較為隆重，祭品相對地也增多起來。現在將此二禮所用之祭品依其所盛放之器皿加以分類，排列於后：

A　特牲饋食禮

用俎盛的：腊（兔）、牲（豕）、魚、膚、豕肝炙、豕燔、心、舌。
用豆盛的：葵菹、蝸醢、豕膮、豕炙、豕胾、豕醢。
用籩盛的：脯、棗、栗。
用鉶盛的：芼（菜羹）、大羹湆。
用敦盛的：黍、稷。

B　少牢饋食禮

用俎盛的：腊（麋、兔）、牲（羊、豕）、魚、膚、肝、羊燔、豕燔、牢燔、心、舌、豕匕湆、羊匕湆、羊肉湆、豕肉湆、湆魚（按：凡湆先用鉶盛）。
用豆盛的：韭菹、葵菹、昌菹、醓醢、蠃醢、羊醢、豕醢、麋臡、酏食、糝食、羊臐、豕膮、羊胾、豕胾。
用籩盛的：脯、糗餌、粉餈、腵脩、麷、蕡、白、黑、棗、栗。用鉶盛的：豕鉶、羊鉶。
用敦盛的：黍、稷。

本文就是以上面所列的祭品為對象，研究他們在古代的祭禮中，如何被烹調、切割、裝盛，以及在祭席前如何被排列。

至於所謂祭品，在本文中，我們將定義為：凡在此二禮儀中所用到的，陳列在席前的食物，皆稱為祭品。

貳　祭品的烹調、切割及裝盛

這兩篇中的祭品都是經過一番整治才盛出來，沒有見到將動物或植物直接原始地擺放到席前的。整治的方法約有䰞、炙、熬、醬、曬等幾種方式。有時在整治後，將盛到器皿時，還得將祭品再予以切割，裝盛時的方向也有所拘範，這些都是這一章所要研究的問題。

A　腊、脯、腶脩

腊、脯、腶脩（按：應為腶脩）。都是乾肉，只因食物的大小、析整和作法都略有不同，才有如此相異的名稱。

所謂脯，周禮腊人：

掌乾肉，凡田獸之脯腊膴胖之事。

鄭注云：

大物解肆乾之，謂之乾肉。若今涼州烏翅矣。薄析曰脯，捶而施薑桂曰鍛脩；腊，小物全乾。

周禮天官膳夫疏：

不加薑桂以鹽乾之者謂之脯。

由此可之，脯乃是將大的獸肉切成片或條，抹上鹽後，曬乾而成。至於在特牲、少牢中，脯應切割成什麼形狀？在籩上該怎麼盛放？可參照儀禮鄉射記：

薦脯用籩，五膱，祭半膱橫于上，醢以豆，出自東房，膱長尺二吋。

又鄉飲記：

薦脯五梃，橫祭于其上，出自左房。

鄭注云：

梃，猶膱也……曲禮曰：「以脯脩置者，左朐右末」。

公羊傳昭公二十五年：

高子執簞食與四脡脯。

何注：

屈曰朐，申曰脡。

故知脯之屈處稱作「朐」。又儀禮句讀：

薦脯用籩，其梃五，別有半梃橫于上以待祭。脯本橫設人前。橫祭者；於脯為橫，於人為縮，陳之左房，至薦時乃出之。

可之脯每條切成一尺二寸長，共切五條，彎起來盛放在籩內，此時彎曲處放在左、末放在右，是橫放在人的面前的，另外又有半條（即六寸長）則橫放在五條膱上（即縱放在人的面前），等待祭祀。

所謂腊，本作昔。說文日部：

昔，乾肉也，从殘肉，日以晞之。

易噬嗑：

噬，腊肉。

釋文：

晞於陽而煬於火曰腊肉。

按：煬，炙燥也。徐灝說文段注箋曰：

戴氏侗曰：「煬者，火旁烘物，以火氣揚之也」。

可知腊是把形體較小的獸去毛，不經剖析，整個經過曬、烘烤後，製成的乾物。

在特牲、少牢中的腊，又比平時不同些；特牲：

宗人舉獸尾，告備。

鄭注：

獸，腊也。

胡培翬正義（以下簡稱正義）：

獸，獵而得之，恐有傷闕，故必以備為貴。

鄭訓：

備為具，謂完具無殘闕也。

廣雅亦云：

備為具。

腊由較小的動物製成，必由打獵才能獲得，不像牲，屬較大的動物，可以豢養。如果是獵得的，必定有傷口，傷口有大有小，祭禮中所用的獸，必須是傷口較小，獸體較完整無闕的才算好。而且據特牲說：「亨於門外」，鄭注說：「煑豕魚腊以鑊」，可知特牲少牢禮中的腊，還要經過煑才吃的。

至於腊俎的排法，據少牢說：

腊一肫而俎，亦進下，肩在上。

可知腊是橫置在俎上的；肩的部分朝上，腹部朝下。再據張光裕君「士昏禮節研究」可知腊是一個整體盛放出來的，只有肝、脾的部份除去不要。

所謂腵脩，據儀禮有司徹：

取糗與腵脩執以出。

鄭注：

腵脩，擣肉之脯。

又依正義：

腵亦作段，又作鍛，段鍛皆取捶治之意。

再參照穀梁傳莊公二十四年：

婦人之贄，棗栗鍛脩。

禮昏義：

婦執笲棗栗段脩以見。

釋文：

段，本又作腶，或作鍛，同。

可見鍛脩、腶脩、段脩都指同樣東西，即前面周禮腊人鄭注所謂：將脯捶打使它柔軟，加上薑桂使它具有香味而製成的。腶脩在特牲禮中並沒有被用到，只在少牢禮中出現。

以上將脯、腊、腶脩略為介紹了，齊民要術卷八有五味脯的作法，或許在佐料方面比秦以前要複雜得多，但總可因此對脯的作法有些概念，現在抄錄在下面，以資補充：

> 正月、二月、九月、十月為佳。用牛羊麞鹿野豕豬肉，或作條或作片罷（凡欲肉皆須順理，不用斜），各自別搥牛羊骨令碎，熟者取汁，掠去浮沫，停之使清。取香美豉（別以冷水淘去塵穢），用骨汁煑豉，色足味調，漉去滓，待下鹽（適口而已，惡使過鹹），細切蔥白，擣令熟，椒薑橘皮皆末之（量多少）以浸脯，手揉，令片脯三宿則出，條脯須嘗看，味徹乃出。皆細繩穿於屋北簷下陰乾。條脯浥浥時，數以手搦令堅實，脯成，置虛靜庫中（若烟氣，味苦），紙袋籠而懸之（置於甕則鬱浥，若不籠則青蠅塵汙）。

B　醢、醬

特牲禮中所用的醢有蝸醢、豕醢二種。少牢禮中則有醓醢、蠃醢、羊醢、豕醢等種。醢就是肉醬。說文：

> 醢，肉醬也。

左傳昭公二十年：

水火醯醢鹽梅以烹魚肉。

服虔注：

醢，肉醬也。

呂氏春秋行論篇：

殺梅伯而醢之。

高誘注：

肉醬為醢。

離騷：

后辛之菹醢兮。

王逸注：

肉醬曰醢。

可見醢就是肉醬。它的作法在先秦文獻裡並沒有明文可徵引。鄭玄注周禮醢人說：

作醢及臡者，必先膊乾其肉，乃復莝之，襍以粱麴及鹽，漬以美酒，塗置甀中，百日則成矣。

必須要經過膊乾及細剉的手續，然後裝入甕中封起來。齊民要術卷八也有作肉醬法，與此大致相同，而較為詳細：

肉醬法，牛羊麞鹿兔肉皆得作，取良殺新，肉去脂，細剉（陳肉乾者不任用，合時令醬膩），曬麴令燥孰，擣絹簁。大率肉一斗，麴末五升，白鹽二升半，黃蒸一升。盤上和令均調，內甕子中（有骨者和訖，先擣然後盛之，骨多髓，既肥膩，醬邪然也）。泥封日曝，寒月作之於黍穰積中，二七日開看，醬無麴氣便熟。

至於醢的種類，周禮醢人：

掌醓醢、麋臡、鹿臡、蠃醢、蠯醢、蚳醢、魚醢、兔醢、鴈醢。

周禮醢人又說：

掌四豆之實，朝事之豆，其實韭菹、醓醢、昌本、麋臡、菁菹、鹿臡、茆菹。

鄭注：

鄭司農云：「麋臡，麋肝髓醢。或曰麋臡，醬也。有骨為臡，無骨為醢」。

可知臡是帶骨的肉醬。麋臡就是用麋的肝、髓垛成的醬。蝸醢是用蝸牛肉作的。豕醢用豕肉，羊醢用羊肉。至於蠃醢，查古書中，並沒有確稱動物名「蠃」的，儀禮少牢：

執葵菹蠃醢以授主婦。

鄭注：

今文蠃為蝸。

文義不明，似乎蠃就是蝸，蠃醢就是蝸醢。其實不然，考本草綱目有蝸蠃這種東西：

蝸蠃一名螺獅，處處湖溪有之，大如指頭，而殼厚於田螺。

可知蠃即蝸蠃，也就是螺獅。螺獅肉鮮美，現在也有人吃它，所以說蠃醢就是蝸蠃醢，大概不錯。

至於醓醢，詩大雅行葦：

醓醢以薦。

毛傳：

以肉曰醓醢。

說文無醓字，血部卻有「𧖴」字：

𧖴血醢也，從血肬聲。

禮有「醓醢」：

以牛肝脯粱鞠鹽酒也。

又周禮醢人「醓醢」，鄭注：

醓，肉汁也。

說文肉部：

肬，肉汁滓也。

釋名：

醢多汁者曰醓。醓，瀋也。

周禮天官醢人：

朝事之豆有醓醢。

釋文：

本又作盜醢。

說文解字詁林後篇乃斷定肬、醓皆醢，為古今字離居於二部的。陳奐毛氏傳疏以為：盜即盛之譌，今字通作醢。以肉作醬謂之醢，肉醬有汁謂之醓醢，醓即醢之汁；傳云：「以肉曰醓醢」，蓋舉肉，不必言肉汁矣。

本文依陳奐，定醓醢為醢之汁。

醢的樣數既這麼多，在禮節中究竟是怎麼食用的呢？依章景明君「戰國時代貴族飲食生活初探」所言，醢的功用乃在於「成味」，即為了配合各式各樣的食品來食用的。考儀禮特牲：

尸左執觶，右取菹，㨎于醢，祭于豆間。

鄭注：

㨎醢者，染於醢。

又特牲：

尸左執角，右取肝，㨎于鹽，振祭，嚌之。

「㨎鹽」及「㨎醢」皆用「㨎」字，即儀禮公食大夫禮中「擩于醢」的「擩」字，也就是現在所謂的「沾（蘸）」，所以章景明君所說的醢的功用實在不錯。

C　菹

特牲禮中所用的菹只有葵菹一種，少牢禮中則有韭菹、葵菹、昌菹等類。說文：

菹，酢菜也。

儀禮公食大夫儀禮鄭注：

菹者，即齏也。

禮記祭統：

水草之菹。

注：

水草之菹，芹茆之屬。

說文義證：

酢菜也者，聲類菹，藏菜也。字或作葅。釋名：「葅，阻也，生釀之遂使阻於寒溫之間不得爛也」。楚辭離騷：「后辛汁葅醢兮」。注云：「藏菜曰葅」。益州記：「蒻之莖，蜀人於冬月取，以春碎炙之，水淋一宿為葅」。荊楚歲時記：「仲冬之月，採擷菁葵等雜菜乾之，竝為鹹葅」。

由此可知菹即酢菜或酸菜之類的東西，都是疏菜所作成的食品。至於周禮醢人說：

凡祭祀，共薦羞之豆實……為王及后世子共其內羞，王舉則共醢六十甕，以五齊、七醢、七菹、三臡實之。

而醢人鄭注卻說：

齊當為齏，五齏：昌本、脾析、蜃、豚拍、深蒲也。七醢：醓、蠃、蠯、蚳、魚、兔、鴈醢。

七菹：韭、菁、茆、葵、芹、箈、筍菹。三臡：麋、鹿、麇臡也。凡醢醬所加，細切為齏，全物若牒為菹。

前者統稱為五齊、七醢、七菹、三臡皆為「醢」。後者則很清楚地分出醢但指動物性的肉醬，菹則但指質物性的菜醬或果醬而言。再據朱士端「說文菹、葅與薀、蘫不同義」一文的考訂，在禮記內則少儀中的：

麋鹿為菹。

及漢書刑法志：

菹其骨肉於市。

等文中的「菹」乃是「薀」的假借。再考儀禮中，凡是提到「菹」的食品，多為菜類，所以這一個判斷是不錯的。

葵菹所用的葵就是葵菜，也稱冬葵，屬錦葵科，其嫩葉可食。植物名實圖考：

冬葵，湖南呼葵菜，亦曰冬寒菜，江西呼蘄菜，葵蘄一聲之轉。

韭菹所用的韭，本草綱目韭下說：

韭之莖名韭白，根名韭黃，花名韭青，韭之美在黃，黃乃未出土者。

也就是現在猶可常吃到的韭黃或韭青。

至於昌菹之昌，昌通菖，就是菖蒲本根。周禮天官醢人：

朝事之豆，其實韭菹醓醢，昌本麋臡。

注：

昌本，昌蒲根，切之四寸為菹。

因此昌菹就是用昌蒲根製成的菹。

至於菹的作法，王肅說：「欲藏之時，必先梢乾之」，即作之前須先將過量水份除去。以後的手續，可根據齊民要術卷九食經葵菹法：

採燥葵五斛、鹽二斗、水五斗、大麥乾飯四升，合瀨。案葵一行、鹽一行、飯一行，清水澆滿，七日黃便成矣。

D 羹、湆、臐、膮

內則云：

膳、膷、臐、膮。

鄭注：

膷，牛臛也；臐，羊臛也；膮，豕臛也。

可見臐、膮皆為臛類。又周禮亨人：

祭祀，共大羹、鉶羹。

鄭注：

大羹，肉湆（汁）。

可見湇屬羹類。而羹與臛都是肉汁之名，爾雅釋器郭注：

羹，肉臛也。

說文：

臛，肉羹也。

太平御覽引爾雅舊注：

肉有汁曰羹。

洪興祖補注：

臛，字書作脽，肉羹也。

說文通訓定聲說「脽」為：

字亦作臛，此羹之實於豆者，不以菜芼之，其質較乾，禮記內則：「膷臐膮」是也，與實鉶之羹異。

楚辭招魂：

露雞臛蠵。

注：

有菜曰羹，無菜曰臛。

可知羹、臛、臐、膮皆是肉湯，指是羹中有菜，以鉶盛，臛臐膮中沒有菜，質較乾些，以豆盛。

羹中的菜稱作「芼」。儀禮特牲：

注：

　　及兩鉶鉶芼，設于豆南。

　芼，菜也。

楚辭大招洪邁補注說：

　以菜和羹曰芼。

禮內則：

　芼羹。

注：

　芼，菜也。

疏：

　按公食大夫禮：「三牲皆有芼者，牛藿、羊苦、豕薇也」。是芼乃為菜也。用菜雜肉曰羹。

則凡是羹中所加的菜都可稱之為芼。又據周禮烹人鄭司農注：

　鉶羹，加鹽菜矣。

我們就知道所謂鉶羹，是羹中加了鹽菜。而所謂羊鉶、豕鉶，據內則疏及特牲記，可確定在羊鉶中所加的菜是苦，豕鉶中所加的則是薇。儀禮特牲記：

　鉶芼，用苦，若薇，皆有滑；夏葵、冬荁。

注：

苦，苦荼也。荁，堇屬，乾之。冬滑於葵。詩云：「堇荼如飴」。云今文苦為芐，芐乃地黃，非也。

所謂苦、滑，據章景明君「戰國時代貴族飲食生活初探」，都是調味的佐料。苦有荼、蘦，都是用來調出苦味的。滑則有堇、荁、枌、楡等種，其作用就像現在人所常用的「太白粉」或「蕃薯粉」一樣，用來使羹稠黏滑濃的。

至於羹和湇的差別，考詩商頌烈祖：

亦有和羹。

疏：

羹者，五味調和。

而周禮烹人鄭注：

大羹，肉湇（汁）。鄭司農云：「大羹不致五味也」。

大羹即儀禮士昏禮及特牲禮所說的大羹湇。可見羹中是需要調五味的，大羹湇中則不調。至於所謂的五味，依前所引內則中所謂的包苦、醯醬、卵醬等都是調五味的佐味。

至於少牢禮中所用的匕湇與肉湇又有差別，依儀禮句讀：

匕湇，無肉直汁。注于疏匕，故為匕湇。肉湇則肉之從湇中出者，實無汁也。

可見肉湇比肉湯多，且較濃。匕湇則將肉除去，只剩下汁。

由上所述，即可很清晰地明瞭特牲禮、少牢禮中所說的大羹湇、羊臐、豕膮、羊肉湇、豕肉湇、湆魚、匕湆所指為何了。

羹臛的作法，最早見於記載的，為左傳昭公二十年，晏子說：

和如羹焉，水、火、醯（按：同年之醋）、醢、梅、鹽，以烹魚肉，燀之以薪，宰夫和之，齊之以味，濟其不及，以洩其過。

可見不但要調五味，且對於火侯的控制，水量的多寡也要講究。齊民要術卷八亦有作羹臛法多種，舉兔臛法以為參考：

作兔臛法，兔一頭，斷大如棗。水二升，木蘭五分，蔥三升，米一合，鹽、豉、苦、酒，口調其味也。

E 炙、燔

詩匏葉二章：

炮之、燔之。

三章：

燔之、炙之。

傳：

毛曰炮、加火曰燔、炕火曰炙。

禮運：

以亨以炙。

鄭注：

炙，貫之火上。

楚辭大招：

炙鴰烝鳧。

洪邁補注：

炙，燔肉也。

說文曰「炙」：

炙，炙肉也。从肉在火上，凡炙之屬皆從炙。

說文曰燔：

燔，爇也。

說文曰爇：

爇，燒也。从火蓺聲。春秋傳曰：「爇僖負羈」。

說文段注曰炙：

炙肉，各本作炮肉。今依楚茨傳正。小雅處茨傳曰：「炙，炙肉也」。瓠葉傳曰：「炕火曰炙」。正義云：「炕，舉也。謂以物貫之，而舉於火上以炙之」。按，炕者俗字，當作抗，手部曰：「抗，扞也」。方言曰：「抗，懸也」。是也。瓠葉言炮，言燔，言炙，傳云：「毛曰炮，加火曰燔，抗火曰炙」。燔、炙不必毛也，抗火不同加火之逼近也，此毛意也。箋云：「凡治兔之首，宜鮮者毛炮之，柔者炙之，乾者燔之」。此申毛意也。然則炰鱉、楚茨、行葦燔炙並言，皆必異義。生民傳曰：「傅火曰燔，貫之加於火曰烈」。加於火及抗火也，生民之烈即炙也。禮運注曰：「炮，裹燒之也。燔，加於火上也。炙，貫之火上也」。三者正與瓠葉傳相合。

說文通訓定聲曰「燔」：

爇也，从火番聲，與焚略同。廣雅釋詁云：「燔，乾也」。……假借為鐇。詩生民：「載燔載烈」。傳：「傅火曰燔」。瓠葉：「炮之燔之」。傳：「加火曰燔」。楚茨：「或燔或炙」。傳：「燔取膟膋」。又廣雅釋器：「燔肉也」。周禮量人：「制其從獻脯燔之數量」。注：「肉炙也」。又左襄廿二傳：「與執燔焉」。釋文：「祭肉也」。公羊定十四傳：「腥曰脤、熟曰燔」。儀禮特牲禮：「以燔從」。禮記少儀：「燔亦如之」。孟子：「燔肉不至」。

特牲鄭注：

燔，炙肉也。

說文段注曰「燔」：

按許鐇與燔字別。鐇者，宗廟火炙肉也。此因一从火，一从炙而別之。毛於瓠葉傳曰：「加火曰燔」。於生民傳曰：「傅火曰燔」。古文多作燔，不分別也。

由以上所引種種說法，可知燔是鐇的假借。鐇類似炙，都是將獸類去毛後，不必裹上泥即直接用火來烤的，但炙是以一物貫穿肉或牲體，懸舉於火上遙烤。燔則是直接放在火上焚烤。大概燔時，火候須加注意，否則就會燒焦了。

燔法在先秦文獻及後來的齊民要術中，都沒有明文記載。炙肉之法則齊民要術卷九炙法第八十內有記載。今抄錄炙豬法一種以為參考：

用乳下豚極肥者，豶牸俱得繫治，一如煮法，揩洗割削，令極淨。小開腹，去五臟，又淨洗。以茅茹腹令滿，柞木穿，緩火遙炙，急轉勿住（轉常使周，而不便焦也）。清酒數塗以發色（色足便止），取新豬膏極白淨者塗拭住著，無新豬膏，淨麻油亦得。色同琥珀，又類真金，入口則消，狀若凌雪，含漿膏潤，特異凡常也。

在特牲中有炙肝，特牲曰：

賓長以肝從。

鄭注：

肝，肝炙也。

其盛載之法，據句讀引疏云：

疏云，此直云肝從，亦當如少牢，賓長羞牢肝，用俎，縮執俎，肝亦縮，進末，鹽在右。

當如圖所示：

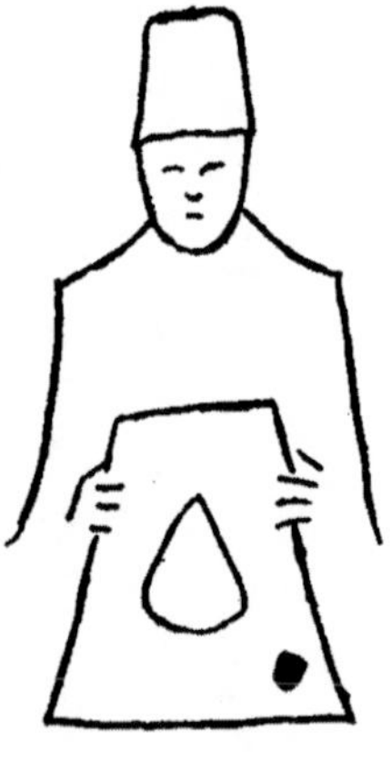

F 胾、膚

所謂胾，考說文：

胾，大臠也。

段注：

胾，大臠也，切肉之大者也。

曲禮：

左殽右胾。

鄭注：

胾，切肉也。

孔疏：

純肉切之曰胾。

一切經音義十二：

切肉，大者為胾，小者曰臠。

鄉射禮記：

膱長尺二寸。

注：

古文膱為胾。

而所謂臠，考說文：

臠、臞也。一曰切肉臠也。詩曰：「棘人臠臠兮」。

呂氏春秋察今篇：

嘗一臠而知一鑊之味、一鼎之調。

所謂臞，考爾雅釋言：

臞，瘠也。

舊注：

臞，肉之瘦也。

史記司馬相如傳：

形容甚臞。

集解：

瘦也。

由以上說法看來，可知胾是一種切肉，又由「純肉切之曰胾」、「胾，大臠也」、「臠，臞也」、「臞，肉之瘦也」，可知胾乃是瘦肉所切成的。至於膚，考膚本義為「皮」，而廣雅釋器：

膚，肉也，易噬。

釋文：

柔脆肥美曰膚。

禮記內則：

麋膚魚醢。

注：

切肉也。

儀禮少牢禮：

雍人倫膚九。

注：

脅革肉。

聘禮：

膚鮮魚鮮腊。

注：

豕肉也，唯燖者有膚。

據說文通訓定聲，膚又假借為肉。因此膚也是一種切肉，少牢注稱為「脅革肉」，章景明君以為這是「脅間帶皮的肉，非純精的肉」。依章君「戰國時代貴族生活飲食初探」可知，胾、膚都類似現在所謂的「白切肉」。只是胾為純精瘦肉，而膚則帶皮稍肥。

膚的盛法，在少牢中亦有提到：

膚久而俎，亦橫載，革順。

鄭注：

列載曰俎，令其皮相順。

句讀：

亦橫載，上牲體橫載，此膚亦然。革順者，膚相次而作行列，則其皮順也。

故知膚共九條，相次橫放於俎上，再將其皮理順即可。如圖所示：

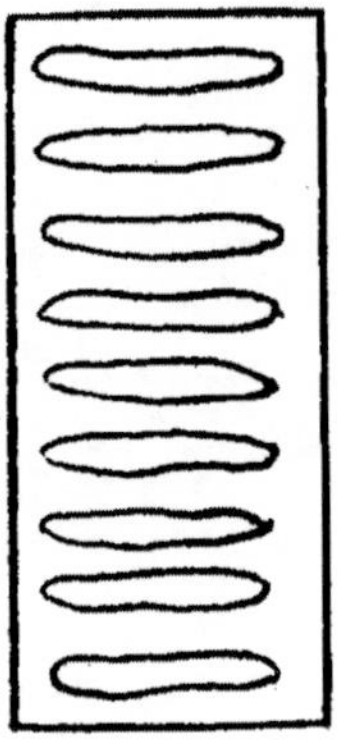

G　麷、蕡、白、黑

儀禮有司徹注：

麷，熬麥也。蕡，熬枲實也。白，熬稻也。黑，熬黍。

可知麷、蕡、白、黑都是經由「熬」作成的食品。熬法是什麼呢？考說文：

熬，乾煎也。

方言：

熬，火乾也。凡以火而乾五穀之類，自山而東，齊楚以往謂之熬。

周禮地官舍人：

共飯米熬熟。

內則：

為熬捶之去其皽，編萑布牛肉焉。屑桂與薑以灑諸上而鹽之，乾而食之。

注：

熬於火上為之也，今之火脯似矣。

鬻，熬也。

以上所引諸說說法不一，只有方言一條適用於此處，但也不甚清楚，我們再考說文：

方言：

㷅，火乾也。凡以火而乾五穀之類，秦晉之間或謂之㷅。

注：

㷅即鞠字也。

說文繫傳：

鬻，熬也，臣錯曰謂熬米麥也。今俗作煼，或為炒。

從所引的文字來看，所謂熬，很清楚地可斷定為 ，也就是現在所謂的炒，就是將麥、枲實、稻、黍放在盛器中，下面加火乾炒，以至於熟。

至於麥、稻、黍，跟現在我們所知道的一樣，不必贅述。所謂枲實，據說文：

枲，麻也。

又說：

萉，枲實，麻子也。

爾雅釋草：

黂，枲實，枲麻。

可知枲實就是麻的子。

H　糗餌、粉餈

歷來有關糗餌、粉餈的說法很多，綜雜紛紜，很不容易分辨它們之間到底有何不同。考說文：

糗，熬米麥也。

徐箋：

熬米麥為餌曰糗餌。蒸米屑為餈，擣粉以坋（按：坋，糝也。糝，以米和羹也）於其上曰粉餈。謂之糗餌者，熬米麥而乾之以為餌，與糗同物故曰糗餌，非謂以糗為餌也。以豆屑擣粉坋於餈上謂汁粉餈，亦非謂粉必用糗也。段云煼米豆，舂為粉，以坋餌餈之上，故曰糗餌粉餈，則似熬米麥為糗，專為作粉而設，非其義矣。

可知糗餌、粉餈是兩樣東西，不是一樣東西，也不是四樣東西。而糗是米麥炒製所成的。說文通訓定聲：

糗，熬米麥也。蘇俗之炒米粉、炒麥麵。

說文義證則曰：

其已擣粉之糗可和水而服之，若今北方之麵茶、南方之麵麩，皆其類也。其未擣粉而亦可和者，則鄭氏注六飲之涼云：「今寒粥若糗飯茶水」是也。其已擣粉亦可餅而食之，若玉篇以麮䴻為䴭，廣韻以為餅是也。

則糗的意義增廣了，或可擣為粉作麵茶，或不必擣粉。但是一定是炒米麥所成。至於餌，說文曰：

餌，䰞。

又說：

䰞，粉餅也。

說文繫傳：

䰞，粉餅也。臣鍇按：周禮羞籩之實有「糗餌粉餈」。注云：「粉稻米，餅之曰餈」。又劉熙釋名云：「蒸燥屑，餅之曰餈」。陳鍇以為皆非也。夫粉米蒸屑皆餌也，非餈也。許慎曰：「餈，稻餅也」。臣謂炊稻米爛乃擣之如黏然後蒸之，不為粉也。粉餈以豆為粉，以糝餈上也。餌則先屑米為粉然後溲（按：溲，浸沃也）之。故許慎云：餌，粉餅也。

認為餈是將稻米煮爛再擣黏然後蒸成的，粉餈則是將豆磨成粉然後糝在餈上，與徐箋所說：「蒸米屑為餈，擣粉以坋其上」大致相同。認為糗餌則事先將米磨成粉然後加水和成的。所以大概是吃粉餈時，仍可略為吃出粒狀物，糗餌則完全磨細了。粉餈乃是蒸成的東西，糗餌則是磨成粉後，要吃食才和水。但另外又有別的說法，如說文義證說餈：

> 稻餅也者，方言餌或謂之餈。廣雅：「䶒，餌也。」玉篇：「餈，餻也。」釋名：「餈，漬也，烝燥屑使相潤漬餅之也。」周禮籩人：「羞籩之實，糗餌粉餈。」鄭注故書餈作茨。鄭司農云：「茨字或作餈，謂乾餌餅之也。元謂此二物皆粉稻米黍米所徵也。合烝曰餌，餅之曰餈。」餌言糗、餈言粉，互相足。列子力命篇：「食則粢糲。」注云：「粢，稻餅也，味類粔米不碎。」干寶搜神記：「李誕小女作數斛餈，蜜灌之。」馥按：俗以九月九日食餻，即餈餻。元日食者謂之年餻。

說餈為糕，說餌也是蒸的東西，意思不甚清楚。但標出糗、粉皆為形容詞，則甚可取。再看說文釋例：

> 餅下云麵餈也。餈下云稻餅也。此轉注之又一法也。以麵作之則曰餅。以稻作之則曰餈。兩物同形而異名也。又按：言稻不言粉者，周官言粉餈，此言稻餅，互相備也。如䰞部 下云粉餅，亦與周官糗餌互相備也。糗下云熬米麥也。按古謂之糗，今謂之麨。古謂之熬，今謂之𤎅。周官言糗尚不定其微米、為麥。許言粉則稻米明矣。鄭注：「合烝曰餌、餅之曰餈」，鄭意其材同、其法同，但形不同耳。許皆言餅，則謂其形同者，何也？蓋周官重在糗粉二字，而餅餈則通名也。但以糗為之則曰餌，以粉為之則曰餈耳。曰餈，稻餅者也，以水漬稻米而乾之、而粉之、而餅之，取其滑易也。曰餌，粉餅也者，以不漬之稻米而熬之、而粉之、而餅之，取其鬆

活也。

乃是將諸說作一整理，分析得很清楚。但最後以為餈是「以水漬稻米而乾之、而粉之、而餅之」。以為餌是「以不漬之稻米而熬之、而粉之、而餅之」，仍然令人易於混淆，何以不漬之稻米能作成餅？因此，參酌諸說只能大概把它認為是：

所謂糗餌，乃是將米麥磨成粉狀，炒成麵茶。或不蒸即將它緊壓在模子裏成塊狀，即成為像現在所能吃到的綠豆糕、杏仁餅之類的食物，以便盛於籩中食用，食用時較乾。所謂粉餈則是將米、麥磨成粉狀後，不經過炒的手續及蒸成糕狀，境如今日所吃的發糕或米糕之類較濕黏的食物。

I 酏食、糝食

章景明君「戰國時代貴族飲食生活初探」一文認為酏食、糝食與糗餌、粉餈都是飯後食用的點心。

所謂酏，考說文，可知原本當黍酒講，但考周禮四飲，四曰酏。注：

今之粥也，酏飲粥，稀者之清也。

禮記內則，「黍酏」注：

酏，粥也。

又：

饘酏。

釋文：

饘，厚粥也。酏，薄粥也。

段注：

凡鬻，稀者謂之酏，用為六飲之一。厚者謂之餰。

似乎餰、酏都是粥，只是一厚、一稀而已。但考周禮醢人鄭注：

鄭司農云：「酏食，以酒酏為餅。糝食，菜餗蒸」。玄謂酏，餰也。

周禮醢人疏稱鄭司農所云，文無所出。又考鄭氏所引內則的文字，今本 都作酏。似乎餰、酏又是同一字。據說文段注，於餰下則很清楚地標明：

荀卿書「酒醴餰鬻」，內則曰：「取稻米舉糔溲之，小切狼臅膏以與稻米為酏。」注：「此周禮酏食也。」此酏當從餰。周禮醢人「酏食」，注曰：「酏，餰也。」引內則取稻米云云，正作餰字。按襍問志曰：「內則 次糝，周禮酏次糝，酏在六飲中不合在豆。且內則取稻米有餰無酏，周禮有酏無餰，明酏餰是一也。故破酏從餰也。」據此內則本作餰字，注中此酏當從餰，謂周禮此酏當從內則作 字，言此酏者以別於六飲之酏也。今本內則作酏，淺人所改。

由段注可知，酏在作為酏食用時，當與餰為同意。因此酏食的作法應該就像 ，就是將稻米洗去表面的粉（按：據孫希旦集解稱：「糔溲，謂溲釋其粉也」，可知糔溲即洗去米上的粉），然後切一小塊狼油（按：狼臅膏即狼胸臆前的油脂），和煮成為厚粥狀。

至於糝食，考說文曰：

糝，古文糂，从參。

說文又說：

糂，以米和羹也。

廣韻：

羹糂。

墨子：

孔子厄陳，藜羹不糂也。

釋名：

糝，黏也，相黏數也。

內則：

糝，取牛羊豕之肉，三如一，小切之與稻米。稻米二，肉一，合以為餌，煎之。

說文通訓定聲以為糂是：

說文，一曰粒也。按今蘇俗，謂皂曰飯米糝。

諸家說法，大多以為糝食是以米和羹成黏狀（按：羹中必定放肉，前面「羹」節已考定）。內則則以為是以二分的米和一分的碎肉（牛、羊、豕肉各三分之一），和成肉餅，煎成。今從內則。又按，現在蘇食中就有糯米丸，它的作法就跟這類似，只是不煎改成蒸而已。

至於何以糝食為餌，亦為固體食物，卻不盛於籩中，反盛於豆中？周禮醢人疏有最好的解釋：

餈、糝二者皆有肉，內則文故不從先鄭。然則上有糗餌，彼餌無肉則入籩，此餌米肉俱有，名之為糝，即入豆。

J　棗、栗

棗是鼠李科落葉喬木，高二丈餘，葉互生，長卵形，有三大脈，初夏開小花，黃綠色。是一種果，形橢圓，或長橢圓，味甘美，供食用，棗類甚繁。內則曰：

棗栗飴蜜以甘之。

可知棗可蜜炙為蜜棗。另外也有曬為棗乾的，現在所吃的紅棗大概也是這類。栗為殼斗科落葉喬木，夏日開花，雌雄同株；雌花常三花集生，包以總苞，實為堅果，有囊狀殼斗，全面生刺如蝟毛，內含果實二三枚，熟則殼斗裂開，種子可供食用。內則：

栗曰撰之。

孔疏：

栗，虫好食，數數布陳省視之。

大概所謂板栗，就是這類東西。

K　黍、稷

段注：

黍屬而黏者黍，禾屬而不黏者 ，對文異，散文則通稱黍。

據章景明君「戰國時代貴族飲食生活初探」稱：

儀禮特牲饋食禮云：「佐食摶黍授祝，祝授尸，尸受以菹豆，執以親嘏主人。」此尸嘏主人的儀式中，佐食有摶黍之事，則必定是用不相黏的穈所炊成的飯，所以才有佐食摶飯的行事。可見黍飯當用不相黏的黍，也就是所謂的「穈」來作。本草綱目引蘇頌曰：「黏者為秫，可以釀酒，北人謂為黃米，亦曰黃糯；不黏者為黍，可食。」可說以不黏者為黍，名稱與說文不同，但其以不黏者為可食的說法，則是正確的。

則知儀禮中所用的黍是穈。

稷是種子白色，可供食用的穀類。本草綱目：

稷與黍一類二種也，黏者為黍，不黏者為稷，稷可作飯，黍可釀酒。

但根據章景明君的說法：

按，黍稷固然是一類二種，然二者皆各有黏與不黏者。稷之年者曰「秫」，說文云：「秫，稷之黏者。」其不黏者，通常皆謂之「稷」，亦名之曰「穄」。本草云：「稷即穄也。今楚人謂之稷。」而說文又云：「穈，穄也。」是黍稷之名稱有互通之處，其用以作飯者，當是不黏的稷。

玉藻：「稷食菜羹」，稷食便是以稷作的飯。

可知本草綱目所說的比較狹隘，事實上黍、稷都可以作飯。

至於先秦煮飯的方法，文獻上並無明文記載，齊民要術卷九有作粟飧法，抄在底下：

作粟飧法，師米欲細而不碎（碎則濁而不美），師訖即炊（經宿則澀），淘必宜淨（十徧已上彌佳）。香漿和煖水浸饙少時，以手按，勿令有塊，復小停然後壯（凡停頓，冬宜久，夏少時。蓋以人意消息之，若不停饙，則飯堅也），投飧時先調漿令甜酢適口，下熱飯於漿中，尖出便止。宜少時住，勿使撓攪，待其自解散，然後撈盛，飧便滑美。

所謂饙，就是用水浸沃熱飯使飯粒各自分散。按大雅：

洞酌彼行潦，，挹彼注茲，可以餴饎。

箋云：

酌取行潦，投大器之中，又挹之注之於此小器，而可以沃酒食之餴者，以有忠信之德，齊絜之誠以薦之故也。

劉熙釋名：

饙，分也，眾粒各自分也。

則知古法中亦採此種手續。所以齊民要術的粟飧法還是略有可取之處。

至於特牲禮中黍稷的作法，只見：

主婦視饎于西堂下。

鄭注：

炊黍稷曰饎，宗婦為之，爨，竈也。

與齊民要術所說的「炊」法相同，但沒想到「饙」，大概是省略了。

L 魚

特牲：

亨于門外東方，西面北上。

鄭注：

亨、煑也。煑豕魚腊以鑊。

易鼎：

以木巽火，亨飪也。

可知在儀禮中所吃的魚，乃是用最普通的方法——煑成的。所謂煑，大概就是在鑊中放一些水，再將魚放入煮開即可。如此煮成的魚還是一條一條完整的。

至於魚數及盛法，在特牲一篇及少牢一篇中的魚數，有十五條的。少牢：

司士三人，升魚腊膚，魚用鮒，十有五而俎，縮載，右首，進腴。

鄭注：

右首，進腴，亦便于食生也。有司載魚橫之，少儀曰：「羞濡魚者進尾。」

又據士昏記：

魚用鮒，必殽全。

公食大夫：

魚七、縮俎，寢右。

句讀：

魚於俎為縱，於人為橫。

少牢禮中特別指定魚用鮒魚，特牲中則無確指。由以上所引，張光裕君「士昏禮儀節研究」歸納起來說：「照常理的推測，便應該左右各七尾，分別放在俎上」，「我們可以勉強得到一個結論：魚應該縱設于俎、橫放在人的面前」，「魚的頭在右邊，魚的肚子朝向前方」。它的放法，應該是像下圖所示：

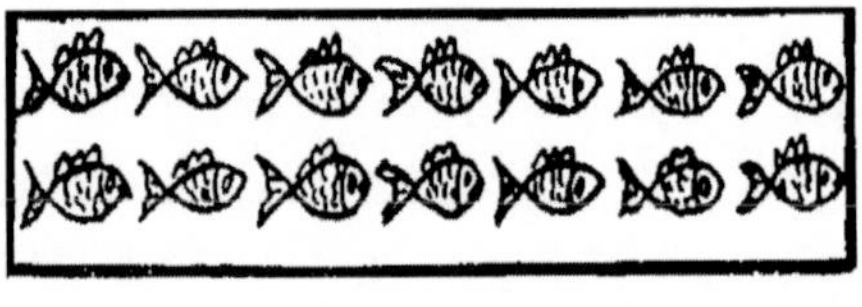

但在有司徹篇中的魚數及排法就有所不同。「主人獻尸」章中說：

尸俎五魚，橫載之。侑主人皆一魚，亦橫載之；皆加膴祭於其上。

鄭注：

橫載之者，異於牲體，彌變於神。膴，讀如殷冔之冔。刳魚時，割其腹以為大臠也，可用祭也。

句讀：

正祭升魚縮載，於俎為縮，於尸為橫，右首，進腴。若食生人，亦縮載右首，但進鰭脊向人，為異。今儐尸，升魚，乃載橫，於人為縮，是不與正祭同，又與生人異也。

句讀的說法很清楚。在正祭時，魚的放法正如張光裕君所說的。但在既非正祭，又非食生人的場合時，則必須有所改變，便像圖左所示：

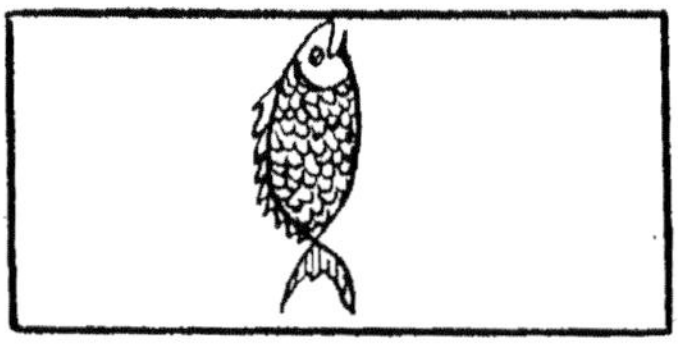

在有司徹篇「不賓尸者，尸八飯後事」章中的「魚七」，鄭注曰：

盛半也，魚十有五而俎，其一已舉，必盛半者，魚無足翼，於牲象脊脅而已。

公食大夫也有「魚七」的情況：

魚七、縮俎，寢右。

注：

右，首也。寢右，進鬐也。乾魚進腴，多骨鯁。

句讀：

魚於俎為縱，於人為橫。

士虞禮：

魚進鬐。

所以應像下圖的方式盛放：

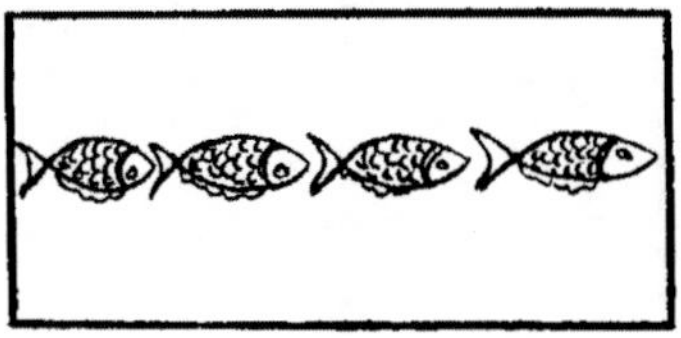

M 牲

前面已經說過，特牲禮所用的牲為豕一種，少牢禮所用的則為羊、豕二種。此節所要討論的是牲在行禮當中被用到的究竟是何部位？及牲中的一些「雜碎」；如心、舌、肺、胃、腸等，如何被切割、被排列的？

牲的調理法，因無另文規定，大概也如魚一般，用亨煑法。

在祭禮中，牲的心舌皆被另外拿出，放在肵俎上，以特別的方式切割及盛載，現敘述於下。

所謂肵俎，特牲曰：

佐食升肵俎。

注：

肵，謂心舌之俎也，郊特牲曰：「肵之為言敬也」，「言主人之所以敬尸之俎」。

正義：

禮經釋例：「肵俎為盛牲魚腊之器，皆載心舌於其上」，鄭引郊特牲之文，以明肵俎所以敬尸也。

由此可知肵俎就是專門用來盛放心舌以便敬尸的俎。特牲：

肵俎，心舌皆去本末，午割之，實于牲鼎，載心立舌縮俎。

鄭注：

午割，從橫割之，亦勿沒。立、縮，順其牲。

少牢：

佐食上利升牢心舌，載于肵俎，心皆安下切上，午割勿沒，其載于肵俎，末在上，舌皆切本末，亦午割勿沒，其載于肵，橫之，皆如初為之于爨也。

鄭注：

牢，羊豕也。安。平也。平割其下，於載於也。凡割本末，食必正也。午割，使可絕。勿沒，為其分散也。

所謂午割，就是在表面上縱橫切割，但不可以切斷；就像目下炒腰花時切割的形狀，以便食用時可以易咬、脆嫩些。而且也避免將食物切得零碎分散。心舌盛於肵俎之前，都必須將本、末切去，然後午割之。盛載時，是將心末在上、本在下地立在俎上。如上圖所示。舌則順者牲的方位橫于俎上，如下圖所示。

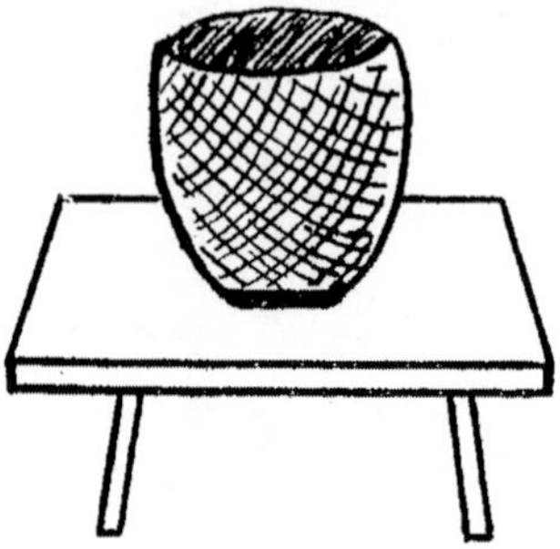

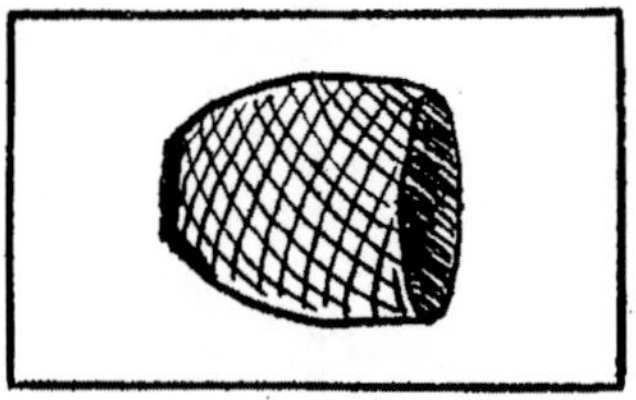

腸胃切割的長度，只在少牢中提到。少牢：

腸三、胃三，長皆及俎拒。

注：

讀為介距之距。

按，介及界畫，所以腸胃的長度當與俎等長。

在特牲、少牢禮中提及牲骨的不為有底下的數種：肩、臂、臑、肫、胳、脊（正脊、橫脊、脡脊）、脅（長脅、短脅、代脅）、髀脡、觳、豰、膞、尻，現在將它們整理分析如下：

所謂脅，說文曰：

兩膀也。

王注：

通俗文：「腋下為之脅」。

或以為脅是膀，或以為是腋下，說法皆不統一，而且不清楚。又廣雅釋親：

膀、胠、胉，脅也。

似乎脅是通名。士喪禮：

其實特豚四鬄去蹄，兩胉脊肺。

特牲：

長脅二骨。

正義引禮經釋例：

凡牲，脊兩旁之肋為之脅，又謂之胉，又謂之幹。

似乎脅又與胉通。周禮天官醢人：

豚胉。

孫詒讓正義：

凡成牲體，解左右脅，各分為三，前曰代脅，次曰長脅，後曰短脅。豚未成牲，則唯解左右脅為三，禮所謂兩胉是也。

則脅骨所指即肋骨，左右排列各十二，形扁而彎，後接脅柱，前接胸骨。

　　髀、肫、胳為何？特牲：

　　右肩臂臑肫胳。

正義引禮經釋例牲上篇說：

　　凡牲，前體為之肱骨，又謂之前脛骨。後體為之股骨，又謂之後脛骨。股骨三，最上謂之肫、又謂之膊。肫下謂之胳，又謂之骼。

鄉飲酒說：

　　介俎、脊、脅、胳、肺。

注：

　　凡牲前脛骨三，肩、臂、臑也。後脛骨二，膊（按：此膊依前所說，殆為膞之誤）、胳也。今文胳作骼。

正義：

　　胳、骼一字也。

士喪禮正義：

　　凡牲體，前為肩，後為髀，析言之，則肩下有臂、臑，髀下有肫、胳。

由此可知肫、胳都是牲的後脛骨。肫在上、胳在下。而髀責為牲背部尾端如肩般拱起之兩部份。

　　肩、臂、臑；考禮少儀：

注：

太牢則以牛左肩臂臑折九箇。

羊豕不言臂臑，因牛序之可知。

疏：

臂、臑，謂肩脚也。

孫希旦集解：

肩、臂、臑，前脛三體之名。九箇者，折每體為三段也。

士喪禮：

其實特豚。

正義：

凡牲體，前為肩，後為髀。析言之，則肩下有臂、臑，髀下有肫、胳。

特牲：

右肩、臂、臑、肫、胳。

正義：

禮經釋例釋牲上篇曰：「凡牲左體謂之左胖，右體謂之右胖，前體謂之肱骨，又謂之前脛骨。肱骨三，最上謂之肩，肩下謂之臂，臂下謂之臑。

玉篇：

說文：

　臑、胹，臂節也。

又：

　肩，髆也。

　髆，肩甲也。

可知肩當為肩胛，即頸項之下，靠臂部，臂與身連屬處。而臂則為自肩至腕之處，也就是前脛骨。臂若再細分，則上部仍稱為臂，下部則稱作臑。

　所謂轂，特牲：

　　主婦俎轂折。

注：

　轂，後足。折分後右足以為佐食俎。

按：就是說把牲體的後右足折分為一部份給佐食俎。又既夕禮：

　長及轂。

注：

　轂，足跗也。

跗為足上部，則轂可斷定為足。只是因禮經凡說到牲轂的時候，都是指後足，所以注就是說轂是後足。

　所謂尻，少牢說：

腊兩髀屬于尻。

鄭注：

腊兩髀屬于尻，尤殘，不殊。

按：尻就是現在所謂的臀部，也就是坐骨，為左右兩髀所合成的。

所謂脊，說文巫部說：

背呂也。

按脊，即背部中央的骨柱，由三十二個短骨重疊而成，其各短骨謂之椎骨或脊椎骨。而所謂正脊、脡脊、橫脊之分，少牢疏說：

脊以前為正，其次名脡，却後名橫脊，取脡脡然直。

故知古時稱脊之前端為正脊，再後稱脡脊，其後稱橫脊。所謂脡，即挺；直的意思。

所謂殽，特牲：

眾賓及眾兄弟，內賓宗婦，若有公有私臣皆殽脀。

注：

破折餘體可殽者升之俎，凡骨有肉曰殽。

正義：

鄭意此殽字為餘骨之總名，脀與烝同，謂升于俎，曲禮注云：「殽，骨體也」，殽本作肴，廣雅：「肴，肉也」，是骨有肉為殽。

故知凡骨有肉謂之殽。

所謂胖，桂馥注引廣韻：

胖，牲之半體。

周禮天官腊人：

膴胖。

注引鄭大夫：

膴胖皆謂夾脊肉，禮家以胖為半體。

孫詒讓正義：

胖者，禮內則：「鵠鴞胖」，鄭注云：「胖謂脅側薄肉也」，脅側薄肉，即夾脊肉也。禮家以胖為半體者，凡古禮牲皆用右胖，變體反吉用左胖，說文以胖為半體肉，與禮家說同。

可知胖，本指脊側薄肉，即夾脊肉而言。用於禮，乃指牲之半體肉。

N 酒

如果我們定義「祭品」為：凡在祭禮中所用到的食物皆稱為祭品的話，則酒在每一節禮儀中幾乎全部被用到，應該是最重要的一種，最應該詳詳細細地考定一番。但因為在章景明君「戰國時代貴族飲食生活初探」中，已經對酒作過很清晰地研討，所以本文省略。

叄　祭品在席前的排設

為了要對祭品的陳設有一較清晰的概念，所以本章將三篇中較為重要的祭品陳設圖繪構於此，並在圖前面略加說明，除敘述陳設的源由外，並歸納祭品的內容，一併寫在圖前。

A　特牲篇

一　陰厭

△、主婦盥于房中，薦兩豆：葵菹、蝸醢；醢在北。

△、俎入，設于豆東，魚次，腊特于俎北。

句讀：俎入設于豆東，豕俎當菹豆之東，魚次。魚又次豕東也。腊特俎北，則與醢相直而正方。

（按：特牲記曰：「尸俎、右肩、臂、臑、肫、胳、正脊二骨、橫脊、長脅二骨、短脅、膚三、離肺一、刌肺三、魚十有五、腊如牲骨。」）

△、主婦設兩敦黍稷於俎南，西上，及兩鉶芼設於豆南，南陳。

△、祝洗酌奠，奠于鉶南。遂命佐食啟會，佐食啟會卻于敦南。

鄭注：酌尊，奠其爵觶。

（按：會，敦蓋。）

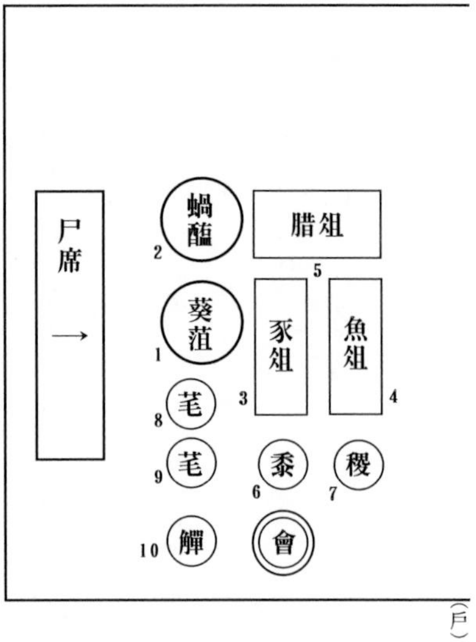

二 尸入九飯

△、設大羹湆于醢北。

鄭注：士虞禮曰「大羹湆自門入」。

△、主人羞肵俎于腊北。

△、佐食羞庶羞四豆，設于左，南上，有醢。

鄭注：四豆者，膮、炙、胾、醢。南上者，以膮炙為上，以有醢，不得綒也。

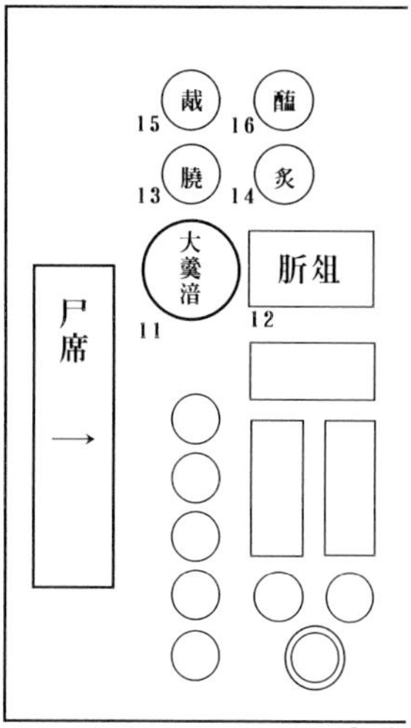

（戶）
（接上圖）

三 主人初獻

△、賓長以肝從

鄭注：肝，肝炙也。

句讀：疏云「此直云肝從，亦當如少年，賓長羞牢肝，用俎，縮執俎，肝亦縮，進末，鹽在右」。

△、主人酌獻祝，祝拜受角，主人拜送，設菹醢、俎。

鄭注：菹醢皆主婦設之，佐食設俎。

（按：特牲記曰「祝俎，髀脡、脊二骨、脅二骨、膚一、離肺一。」

△、以肝從。

△、主人……酌獻佐食。

句讀：疏云「下記云：佐食俎，觳折脊脇。」

（按：特牲記曰「佐食俎，觳折、脊、脅、膚一、離肺一」。）

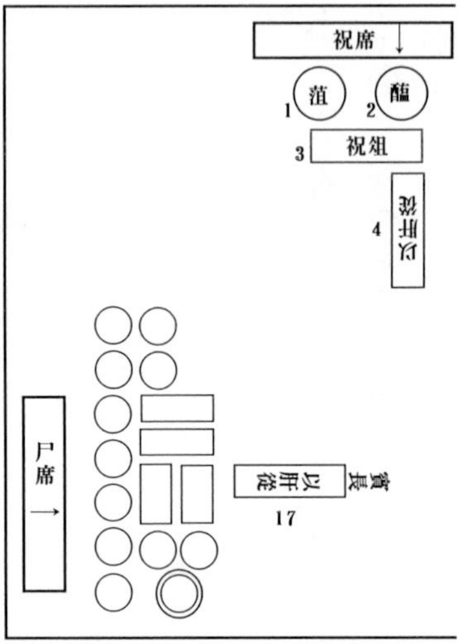

（戶）
（接上圖）

四　主婦亞獻

△、宗婦執兩籩，戶外坐。主婦受，設于敦南。

鄭注：「兩籩，棗、栗。棗在西。」

△、兄弟長以燔從。

鄭注：燔，炙肉也。

△、獻祝，籩燔從。

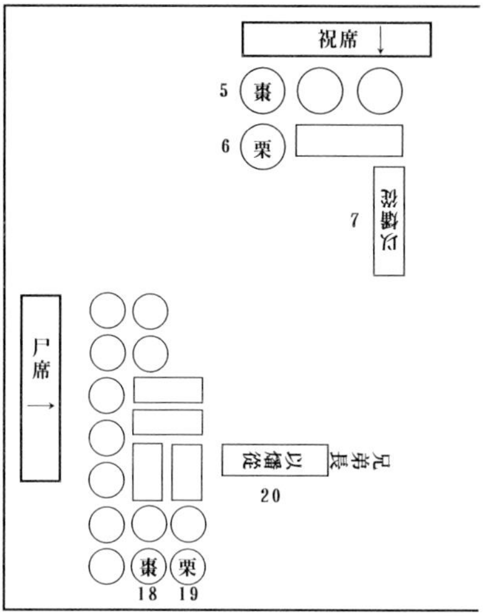

（接上圖）
（戶）

五 賓三獻

△、席于戶內。

鄭注：為主人鋪之，西面。

△、宗婦贊豆如初，主婦受，設兩豆、兩籩。

鄭注：主婦薦兩豆籩，東面也。

△、俎入設。

（按：特牲記「胙俎，臂、正脊二骨、橫脊、長脅二骨、短脅、膚一、離肺一」。）

△、肝從。

△、燔亦如之。

△、席于房中，南面。

△、宗婦薦豆、俎、從獻，皆如主人。

（按：特牲記「主婦俎，縠折，其餘如阼俎」。）

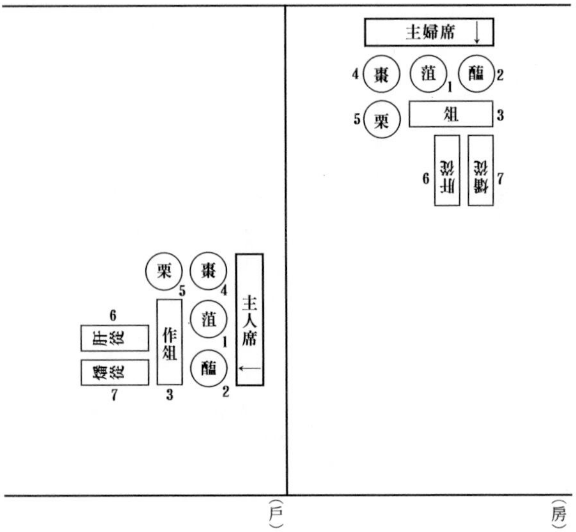

六　獻賓與兄弟

△、西階上獻賓……薦脯醢，設折俎。

鄭注：凡節解者，皆曰折俎，不言其體，略云折俎，非貴體也。

（按：特牲記「賓骼」。）

△、賓答拜、揖、執祭以降，西面奠于其位，位如初，薦俎從設。

句讀：位如初，明復西階下東面位也。

△、眾賓升，拜受爵，坐祭、立飲，薦俎設于其位，辯。

△、主人洗爵，獻長兄于阼階上，如賓儀。

句讀：疏云「長兄弟初受獻于阼階上時，亦薦脯醢、設折俎於阼階上。」

△、洗獻眾兄弟，如眾賓儀。

（按：特牲記「長兄弟及宗人折，其餘如佐食俎。眾賓及眾兄弟、內賓、宗婦若有公有司，私臣皆殽脀」。）

△、洗獻內兄弟，如獻眾兄弟之儀。

鄭注：設薦俎於其位……內賓位在房中之尊北。

句讀：下記云，尊兩壺于房中西墉下，南上。內賓立于其北，東面南上。宗婦北堂，東面北上。

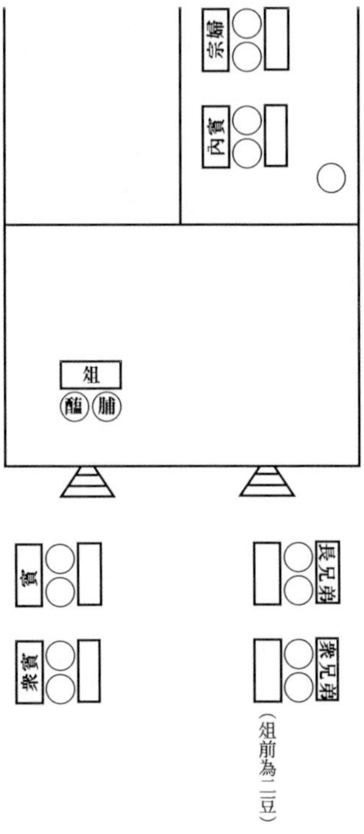

七　嗣子、長兄弟、饕

△、筵對席，佐食分簋鉶。

鄭注：分簋者，分敦黍於會，為有對也。

鄭注：餕者，祭之末也。

句讀：此下言嗣子共長兄弟對餕，筵對席者，對尸席而設筵，以待下饕也。上饕坐尸席，東向，此在其東，西向。

△、佐食授舉，各一膚。

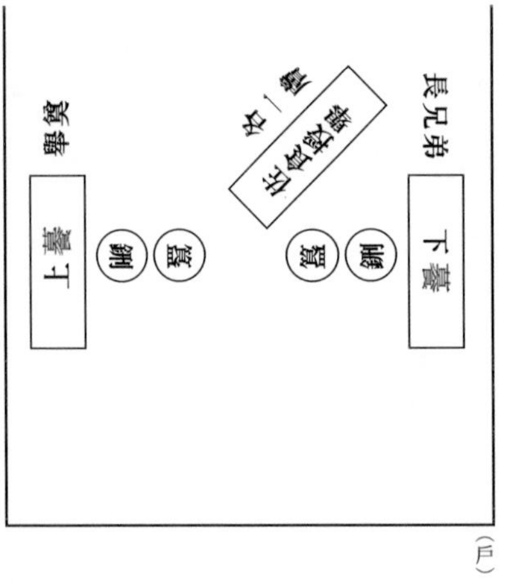

B 少牢篇

一 陰厭

△、主婦……薦自東房，韭菹、醓醢，坐奠于筵前。

△、主婦贊者……執葵菹、蠃醢……陪設于東，韭菹在南，葵菹在北。

鄭注：韭菹、醓醢，朝事之豆也，而饋食用之，豐大夫禮。葵菹在綪。

句讀：注云豐大夫禮，韭菹在醓醢之南，葵菹在蠃醢之北，菹醢錯對，是在綪也。

△、佐食上利執羊俎，下利執豕俎，司士三人執魚腊膚俎，序升自西階，相從入，設俎，羊在豆東，豕亞其北，魚在羊東，腊在豕東，特膚，當俎北端。

句讀：特膚者，膚俎單設在四俎之北也。

△、主婦自東房，執一金敦黍，有蓋，坐設于羊俎之南。婦贊者直敦稷以授主婦，主婦興受，坐設于魚俎南。又興，受贊者敦黍，坐設于稷南。又興，受贊者敦稷，坐設于黍南，敦皆南首。

△、佐食啟會蓋，二以重，設于敦南。

（按：以上所提到的羊俎、豕俎、腊俎、魚俎、膚俎，參看少牢「將祭即位、設几、加勺、載俎」節，當為：

羊俎：上利升羊載右胖、髀不升、肩、臂、臑、膞、胳、正脊一、脡脊一、橫脊一、短脅一、正脅一、代脅一，皆二骨以脅。腸三、胃三，長皆及俎拒，舉肺一、長終肺、祭肺三，皆切。肩臂臑膊胳在兩端，脊脇肺肩在上。

豕俎：下利升豕，其載如羊，無腸胃，體其載于俎，接進下。

魚俎：司士所進，魚用鮒，十有五而俎，縮載，右首，進腴。

腊俎：腊一純而俎，亦進下，肩在上，司士所進。

膚俎：膚九而俎，亦橫載，革順。

句讀：亦橫載，上牲體橫載，此膚亦然。革順者，膚相次而作行列，則其皮順也。

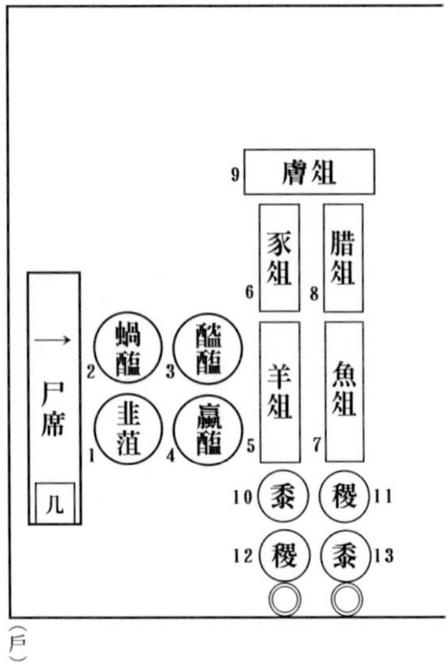

二　尸十一飯

△、主人羞肵俎，升自阼階，置于膚北。

△、上佐食羞兩鉶，取一羊鉶于房中，坐設于韭菹之南，下佐食又取一豕鉶于房中以從。上佐食受，坐設于羊鉶之南，皆芼，皆有柶。

△、上佐食羞胾兩瓦豆，有醢，亦用瓦豆，設于薦豆之北。

鄭注：設于薦豆之北，以其加也。四豆亦綒，羊胾在南，豕胾在北，無臐膮者，尚牲不尚味。

（按：所指肵俎，當即前「將祭、即位、設几、加勺、載俎」一節所謂之：

肵俎：佐食上利升牢心舌，載于肵俎，心皆安下切上，午割勿沒，其載于肵俎，末在上，舌皆切本末，亦午割勿沒，其載于肵，橫之，皆如初為之于爨也。）

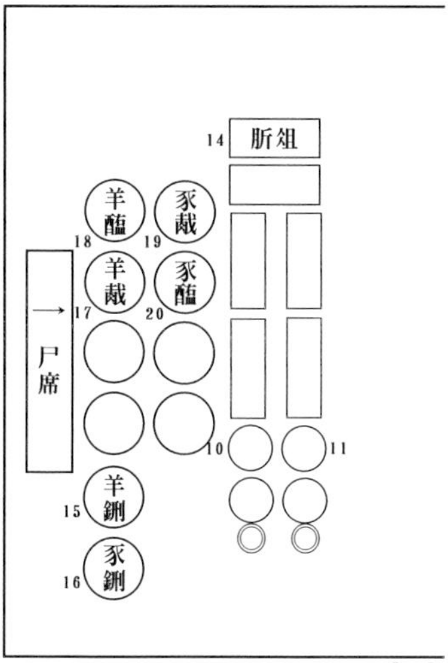

（戶）
（接上圖）

三　主人獻祝

主人獻兩佐食

△、主人獻祝，設席南面。

△、薦兩豆菹醢。鄭注：葵菹、蠃醢。

△、佐食設俎，牢髀、橫脊一、短脅一、腸一、胃一、膚三、魚一，橫之。腊兩髀屬于尻。

鄭注：皆升下體，祝賤也。魚橫者，四物共俎。殊之也。腊兩髀屬于尻，尤賤，不殊。

句讀：註云四物，謂羊豕魚腊。腊用左右胖，故用兩髀。尻比髀為尤賤，因不殊別之。

△、肝牢從。

△、主人酌獻上佐食……俎設于兩階之間。其俎，折、一膚。

鄭注：佐食不得成禮於室中，折者，擇牢取正體餘骨，折分用之。有脀而無薦。

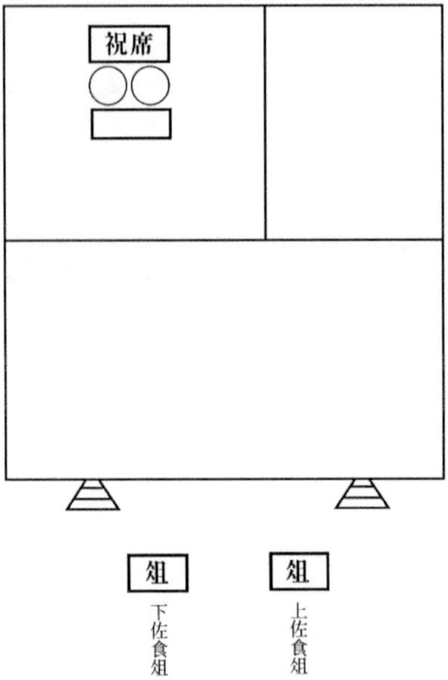

句讀：有脀，即俎實是也。無薦，謂無菹醢也。

△、主人又獻下佐食，亦如之。其脀亦設于階間，西上，亦折，一膚。

句讀：西上者，上佐食俎在西，此在其東。

附圖：此節之祝俎上之祭品陳列法，大概如下圖所示：

魚		腊	膚	
橫脊	腸胃	短脅		髀

四　餕

△、司宮設對席，乃四人餕。

句讀：設對席者，對尸席而設西向之席。四人 ，二在尸席，二再對席。

△、上佐食盥升，下佐食對之，賓長二人備。

句讀：備者，兩佐食之外，又以賓長二人充此數也，上佐食升居尸席，下佐食西向對之。疏云：下佐食雖云西向對，實近北，不得東西相當，以其一賓長在上佐食之北，一賓長在下佐食之南也。

△、司士進一敦黍于上佐食，又進一敦黍于下佐食，皆右之于席上。

鄭注：右之者，東面在南，西面在北。

△、資黍于羊俎兩端，兩下是餕。

句讀：兩下是餕者，二賓長在二佐食之左，於位為下，故云兩下。分減敦黍，置羊俎兩端，二賓長於此取食也。

△、司士進一鉶于上養，又進一鉶于次養，又進二豆湆于兩下。

鄭注：湆，肉汁也。

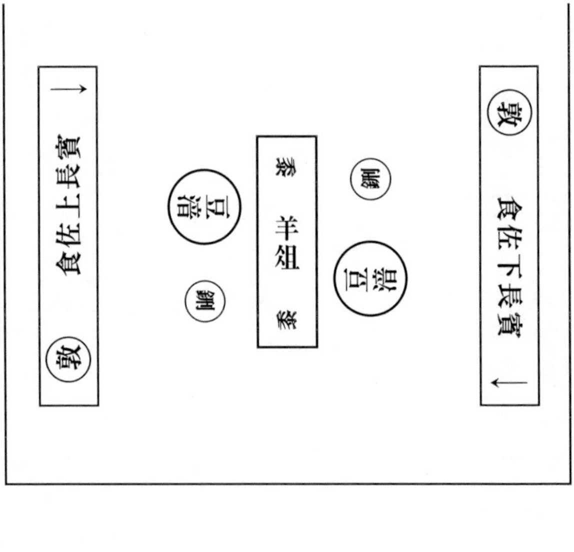

儀禮士喪禮器物研究

（沈其麗著）

前言

這是民國五十六年度中國東亞學術研究計劃委員會儀禮復原實驗小組的研究報告之一。筆者負責的是有關士喪禮內出現的器物這部分的研究工作。除此之外，在士昏禮這一部分內，尚有一些被遺漏的工作，補在士喪禮器物研究之後，在去年度，筆者開始負責有關器物方面的工作，由於士喪禮(包括既夕禮在內)器物之多，因此無法在短時間內一一予以復元，再加上有許多器物缺乏實物上的證據，使得本工作無法一一完成，本年度除了繼續以前的工作外，由於去年度在材料上搜集不全，在此亦加以補足說明。

其次，對於顏色方面，我們對於去年度擬定青銅器的顏色再加以修正，希望能夠更合於當時的標準，但是這問題是相當棘手的，此次是參照中央研究院考古館所存的戰紋鑑(為戰國時器，汲縣出土，R 19006)及安陽出土的爵(HPK 1022)兩器，以色的標準(Guide to Color Standard)相對照，擬為第十七階段明度的無彩色，即為較深的「明灰」(Light Gray)，由於銅器是藏於地下，經過了這麼長久的時期，除了要除去了銅銹以後銅器表面的顏色外，當時銅器表面光彩，可能要比現在更亮些，因此在上顏色時，再使它略為發亮些，其他器物上的顏色，以明旌為例，有一部分的顏色是屬於經色，究竟是屬於那一類的紅色？我們只能大概的選定其紅的程度，因此這方面的復原工作，只有盡力而為了。

士喪禮整篇的復原器物工作上，棺槨是最重要的部分，而其範圍之廣，索涉之多，形制之複雜，在材料收集的工作上，筆者無法一一搜全，此處僅僅為一概略的敘述而已，志於形制上的演變過程，在下一年度內，鄭良樹同學將負責此一部分。

本文的研究工作，承孔達生師的析心指導及改正，同時又有中國東亞學術研究計劃委員會的輔助，在此敬誌謝意，而筆者學識淺薄，本報告內必有不少其他疏誤之處，尚祈容後補正。

儀禮士喪禮器物研究目次（附士昏禮器物研究）

甲、士喪禮內器物研究……一
一、燕几……一
二、牀……六
三、銘……一三
四、竹笏……一九
五、戈……二三
六、杖……三五
七、棺槨……四二
八、干……六四
乙、士昏禮內器物研究……七三
一、筵……七三
二、席……七六
三、几……七八
四、枕……八二

甲、士喪禮內器物研究

一、燕　几

甲、標　本

⑴尺寸：長四六・四公分，寬九・六公分，高一七・六公分。
⑵原料：木質。
⑶顏色：黑色。
⑷數量：一件。
⑸用途：綴足用。

乙、論　證

⑴名　稱

傳世古器中，尚無自命名為「燕几」的，按士喪禮「事死之初事，喪禮凡二大端，一以奉體魄，一以事精神，楔齒綴足，奉體魄之始，奠脯醢，事精神之始也。」一章中：

綴足用燕几。

我們便依此命名，做為假想器物的名稱。

(2)形　制

燕几內的「燕」字是形容几的，接士喪禮孔疏：

言燕几者，燕安也。當在燕寢之內常馮之，以安體也。

可知燕几是平常坐時伏、椅所用的，至於「几」的形制，可見士昏禮內「几」一器內的說明。在士喪禮內燕几是供綴足用，因此在選擇標本之時，在形制上必須合於綴足之用的，在既夕禮的記內：

綴足用燕几，校在南，御者坐持之。

鄭注：

胶，脛也。尸南首，几脛在南以拘足，則不得辟戾矣。

可以知道是利用几的足部來綴足，為了要使尸者的雙足置於燕几的足部，此燕几就必須有三根支柱構成此几的足部，尸者的雙足才能放在這兩個空檔之間。合於此要求的戰國時代的几有常德德山出土的漆木几(註二)，現在就以此為標本的原器，原報告的描述如下：

漆木几，一件。胎髹黑漆，長四六・四公分，寬九・六公分，高一七・七公分。

現附原圖片於本圖片之圖一、二、三、四。

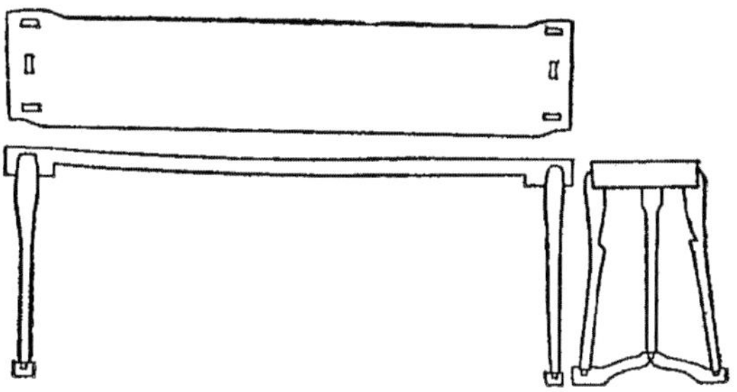

圖一

圖二

註一：湖南常德山楚墓發掘報告　考古　一九六三、九。

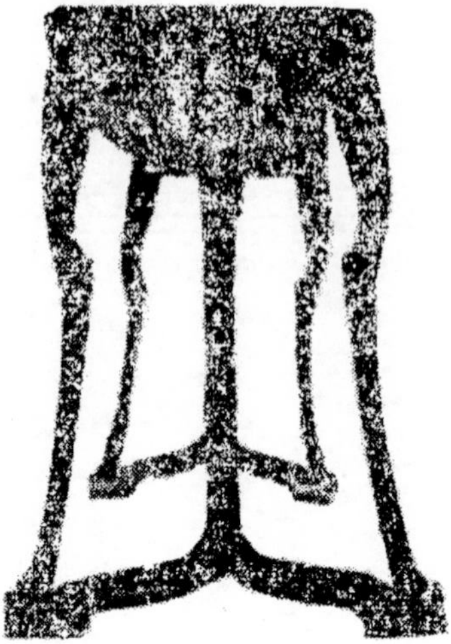

圖三

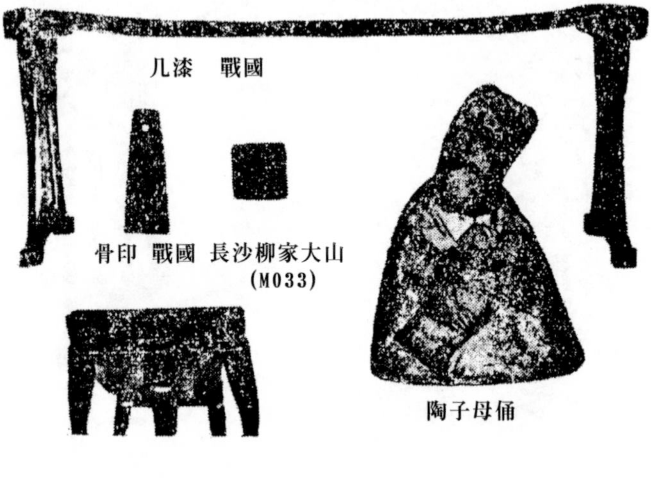
几漆 戰國
骨印 戰國 長沙柳家大山
(M033)
陶子母俑

圖四

(三)使　用

士喪禮本文「綴足用燕几」下，鄭注：

綴，猶拘也。為將屨，恐其辟戾也，今文綴為對。

又既夕禮記：

綴足用燕几，校在南，御者坐持之。

鄭注：

尸南首，几脛在南以拘足，則不得辟戾矣。

為了預防死者雙足的辟戾，所以利用几足時間的空檔，將雙足置於其中，使腳踝伸直。

除了用燕几綴足外，也有用竈的，見禮記檀弓：

掘中霤而浴，毀竈以綴足。及葬，毀宗躐行，出于大門，殷道也，學者行之。

鄭注：

死人冷強，足辟戾，不可著屨，故用毀竈之甓。連綴。死人足令直，可著屨也。

大概用燕几為周禮，用毀竈為殷禮。檀宮雖言「毀竈綴足，學者(當為儒家)行之。」但著士喪禮者，仍採周禮。此亦可見儒者對儀禮之取捨不同。現知其用為失兩足，辟戾，又只云「校在南」，則為一几矣。禮記喪大記：

綴足用燕几，君、大夫、士一也。

亦為一几就夠了。

二、牀

甲、標　本

(一)　牀

(1)尺寸：長二一八公分，寬九〇公分。
(2)原料：木。
(3)數量：二件。
(4)用途：供喪主任在遷屍、小斂等場合時所用。

(二)　牀　第

(1)尺寸：同牀。
(2)原料：竹板。
(3)數量：二件。
(4)用途：直接橫放在牀上。

(三)　牀　席

(1)尺寸：同牀。
(2)原料：竹子和蒲草。

⑶數量：二件。（竹子、蒲草做成的席子各二件）

⑷用途：鋪在牀笫上。

乙、論　證

㈠　牀

⑴名　稱

傳世古器物中，沒有自命名為「牀」的，按士喪禮「主人以下室、中、哭位」一章中：

入坐于牀東，眾主人在其後，西面。婦人俠牀，東面。

依此命名，做為假想器物的名稱。

⑵形　制

在銅器的銘文內，如析子鼎：

　（攈古錄卷一之二）

其中的爿就是象牀之形，是由旁邊視之，因此只能看到兩個牀足。有關牀的描寫，文獻上可見於聶氏三禮圖襲斂圖卷十七內所載的「夷牀」和「浴牀」，其記載如下，並附原圖於本圖片之圖五、六。

浴牀亦曰夷牀，（註：按夷即尸字），夷即言屍也，長丈二尺，廣四尺，有曰横，上有木策，設欄于前面及後兩端。士漆之，大夫加朱飾，諸侯畫雲氣，天子加禾稼百草華也。

夷牀以遷屍，長丈二尺，廣七尺，旁為四環，前後亦有環，為鈕於兩旁以繩直貫中，欲下屍則引其直繩諸鈕悉解矣。

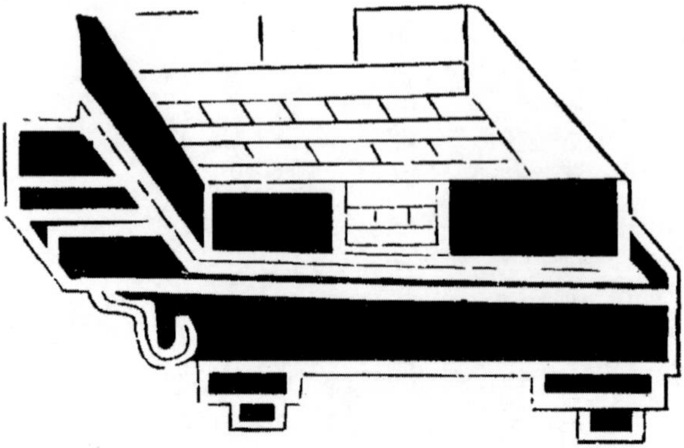

圖五 浴　牀

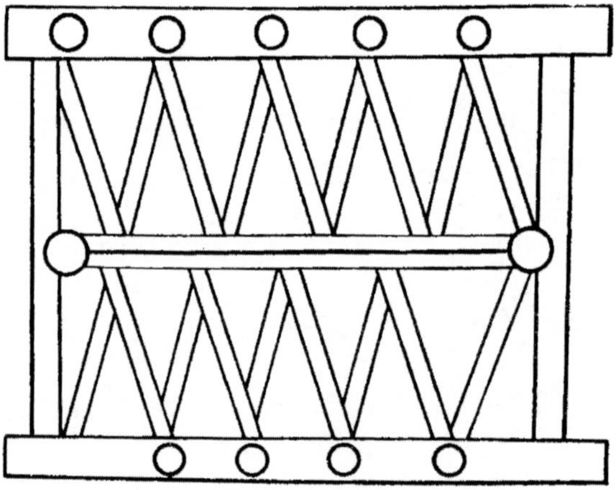

圖六 夷　牀

聶是所謂的夷牀，換算公尺制，則長二七七・二公分，寬一四一・七公分。浴牀的長度相同，寬為九二・四公分。在牀之上，一為設有木策，另一個為用繩索穿過環孔，屍體就直接放在其上。而士喪禮內的則上有一板——牀第，再要舖上席子，在本文之後將會詳述之。聶崇義並說明浴牀有關，是在牀的前面及後面，但在田野考古工作上，迄今發現完整的牀，只有河南信陽長臺觀的戰國大墓內出土了一漆木牀，是四周都有欄，唯左右兩邊的欄有缺口，原報告對其描述如下（註一），並將原圖附於本圖

圖七

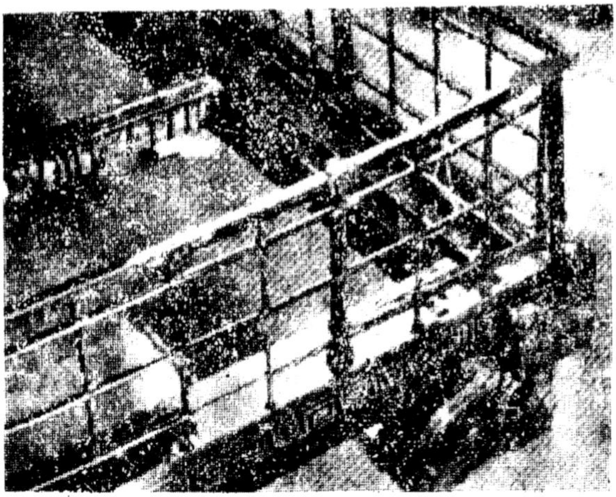

圖八

註一：我國考古史上的空前發現——信陽長臺關發掘一座戰國大墓　文叁　一九五七、九。

片之圖七、八。

後中室中部有漆木牀一，長二一八公尺，周身有雕刻彩繪。

另外，在新中國的考古收穫內的圖版陸拾柒，為河南信陽長臺關一號墓戰國木牀，就是這漆木牀，現將此牀之全形圖轉載於本圖片之圖九。此報告所載尺寸為長二一八公分。聶氏三禮圖內的長度和實物相差約六十公分。漆木牀的寬度為九十公分，則和三禮圖內浴牀的寬度相差無幾，但在形制上卻全然不同，三禮圖的圖象確實性，一向是被認為有懷疑之處，此圖也只有做為參考之用了。

圖九

⑶使　用

說文木部：

牀，安身之坐者，从木爿聲。

所以牀的主要目的是供人安身的坐位，先秦的時候，人的寢疾，死後停尸，都要用牀。

左傳襄廿一年傳：

(楚)薳子馮偽病，掘地下冰而牀焉。

檀弓：

曾子寢疾病，樂正子春坐於牀下，曾元曾申坐於足，童子隅坐而執燭。童子曰，華而睆，大夫之簀與？子春曰止，曾子聞之，瞿然曰呼，曰：華而睆，大夫之簀與？曾子曰然，斯季孫之賜也，我未之能易也。元起易簀，曾元曰：夫子之病革矣，不可以變，幸而至於旦，請敬易之，曾子曰：爾之愛我也不如彼，君子之愛人也以德，細人之愛人也以姑息。吾何求哉。吾得正而斃焉斯已矣，舉扶而易之，反席未安而沒。

這時，就已經兼具臥具了，人在生病的時候就躺在牀上了。士喪禮內的牀是專為死者而設的，有一舉者（指舉尸之人），將喪主安置在牀上。除上引士喪禮外，喪大記：

始死，遷尸于牀。……設牀襢笫，有枕，含一牀，襲一牀，遷尸于堂又一牀，皆有枕席，君、大夫、士一也。

此處所言設牀襢笫是指浴牀而言，以士喪篇之經記言之，始死遷尸一牀，小斂一牀，共二牀（或三牀，見下說），喪大記則遷尸一牀，含一牀，襲一牀，小斂一牀，則須四牀。由檀弓「曾子易簀」一段，細味之，是病時在牀，死時亦在牀，此與左傳所記楚子蘧之事相合，與喪大記稍異。此或亦風習、體制之不同者。今以士喪篇內遷尸一牀，小斂一牀。似二牀可矣。

(二) 牀　笫

(1) 名　稱

傳世古器中，尚無自命名為「牀笫」的，士喪禮「陳牀笫夷衾及西方之盥」一章中：

牀笫，夷衾。饌于西坫南。

就按此命名，做為假想器物的名稱。

⑵形制

鄭玄對士喪禮內「牀笫」的注解為「笫，簀也。」簀在檀弓內「曾子易簀」一段中，簀就是牀笫，也是牀板。信陽出土的牀上並未有牀板，因此其尺寸大小就以牀的長寬為準，應相差不遠。

⑶使用

直接鋪在牀架上，如此才能供人躺臥之用，其用途和牀同，可參見牀的解說。

㈢ 牀衽

⑴名稱

傳世古器中，尚無自命名為「牀衽」的，士喪禮「小斂侇尸及主人主婦袒髺免髽襲絰之節」一章中：

設牀、第於兩楹之間，衽如初，有枕。

有「衽」這命名，由於士喪禮內尚有其他的席子，而這是指明鋪在牀上的，故以「牀衽」為假想器物的名稱。

⑵形制

前引士喪禮一章內，鄭注：

衽，寢臥之席也，亦下莞上簟。

既夕禮記云：

設牀、第，當牀。衽，下莞上簟，設枕，遷尸。

注云：

病卒之間，廢牀，至是設之，事相變。衽，臥席。

至於下莞上簟，可參照士昏禮器物內對「筵」的解說：

在尺寸上，由於田野考古工作上，牀衽並未和牀同時出土。長沙戰國墓內倒是有和笭牀同時出土(註一)，原報告對其說明如下：

棺底平放著一塊木雕「笭牀」……在笭牀上有殘破竹篨，篾寬〇・二公分，表面經過刮削，織紋成斜人字形。

在笭牀上的殘竹席，很可能是屬於牀衽的一類的，由於殘缺之故，不知其原來的尺寸，我們暫且以和牀的尺寸相同為原則，每根竹篾的寬為〇・二公分。

(3)使 用

牀衽是直接舖在牀板上，和牀第一樣同屬於牀的附件。

三、銘

甲、標 本

註一：長沙烈士公園三號木槨墓清理簡報 文物 一九五九、十。

一、銘

⑴尺寸：長七六・二公分，寬六・九三公分。
⑵原料：綢質。
⑶顏色：紅色及黑色。
⑷用途：放在埋棺的土穴內，用來表名死者的身份。

二、竹杠

⑴尺寸：長七〇公分。
⑵原料：竹質。
⑶顏色：竹子的本色。
⑷用途：銘是被繫在這竹杠上的。

乙、論　證

⑴名　稱

傳世古器中，尚無自命名為「銘」的，士喪禮「為銘」一章中：

為銘，各以其物。亡，則以緇。長半幅，經末，長終幅，廣三十，書銘于末，曰：「某氏某之柩」，竹杠長三尺，置于宇西，階上。

對銘有詳細的記載，就按此來復原此物，並以此命名為本器物的名稱。

⑵形　制

按士喪禮內的記載，可以知道「銘」的本身是分成二部分，上半部是緇色，下部為赬色，緇色部分長半幅，赬色部分長全幅。鄭玄在注內說明為「半幅，一尺。終幅，二尺」，在其他文獻上的記載，如說文巾部：

幅，布帛廣也。

淮南子夫子訓：

古之為度量輕重生乎，天道黃鐘之律，修九十物以三生，三九二十七，故幅廣二尺二寸。

漢書食貨志：

有帛廣二尺二寸為幅，通作幅。

鄉射禮鄭注同此。而此處卻說半幅一尺似應以半幅為一尺一，終幅為二尺二為原則。由漢尺推算至現在的公尺單位，那麼半幅就是零點二三一公尺，等於二五·四公分。這是銘的上半部，下半部都是長終幅，即長五十·八公分，上半部和下半部的區分，主要是在顏色，上半為緇，下半為赬。文獻上對於顏色的注解，可見士冠禮「冠日陳設」一章中鄭注：

凡染黑，五入為緅，七入為緇，玄則六入與？

凡染絳，一入謂之縓，再入謂之赬，三入謂之纁，朱則四入與？

對於緇色，有很詳盡的說明，是屬於深黑色的，但是在染成紅色時，卻無赬色。士喪禮「陳襲事所用衣物于房中」一章內：

幎目，用緇。方尺二寸，經裏，著，組繫。

鄭注云：

經，赤也。

這是從說文的說法而來。所以不知道是何種紅色，紅到什麼程度，由於正紅是朱色，所以就選近紅色，但淺於正紅色為「銘」下段的顏色。

在聶崇義三禮圖襲斂圖卷十七內載有銘旌的圖，現轉載於本圖片之圖十，但在比例上，卻有些不合，緇與經的比例是一與二之比，整個長度也應該和竹杠長度相差無幾。至於銘旌和竹杠如何相連？

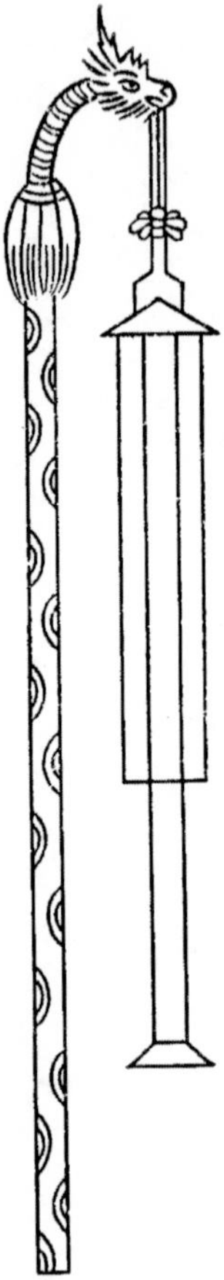

圖一〇

卻是個問題，暫且在銘旌的頂端，附上二條細帶子，再繫在竹杠上，下端則不再與竹杠相連，就任其飄蕩了。

在田野考古工作上，在甘肅武威磨咀子漢墓，出土過數件銘旌，原報告記載如后，並將圖片轉載於本圖片十一(甲乙)

銘旌：三張。為絲、麻質的原料，上書死者的姓名、籍貫，偶有其他語，它們長於棺的長度而稍窄於棺，平鋪於棺蓋上。

墓十五的是絲織品，殘文為：「姑藏北鄉西夜里女子□宁死下世當歸冢次……水社母□河留。」長五十九公分；寬四十五公分。

墓二十二，棺蓋上長二・一五公尺，寬〇・三八公尺。

墓二十三，麻。

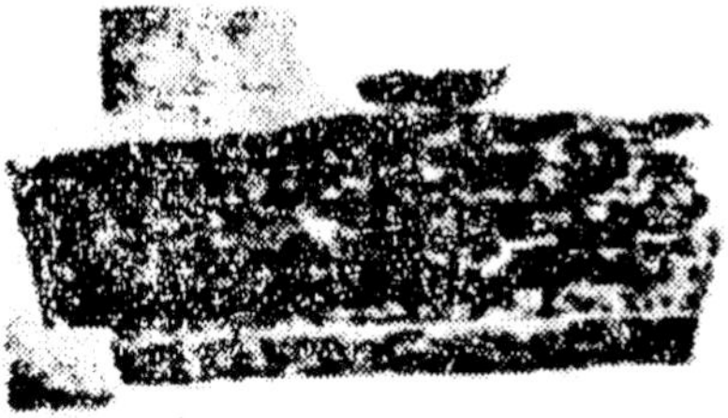

（甲）

圖一一（乙）

這報告內（註一）銘旌可能是考古學上出土最早的，可以供為參考之用。至於寫銘的方法，在喪服小記：

復與書銘，自天子達於士，其辭一也。男子稱名，婦人書姓與伯仲，如不知姓則書氏。

鄭注：

復，招魂以復魂也。書銘，書死者名字於明旌也。……周禮：「天子之復，曰皐天子復；諸侯則曰皐某甫復。(按此為曲禮)此言天子達於士，其辭一者，殷以上質不諱名，故君子以名君歟？男子稱名，謂復與銘皆名之也，婦人銘則書姓及伯仲，此或亦是殷以上之制（蓋以曲禮復稱，與此不同，以此稱名為殷制，故亦以此銘旌書名，亦為殷制，然皆推論之辭也）。如周則必稱夫人也。姓如魯是姬姓，後三家各自稱氏，所謂氏也，殷以前，六世之外，則相與為昏，故婦人有不知姓者，周不然矣。

至於「某氏某之柩」等字樣，是寫在紅色綢上，而旌旗所附竹杠的長度蓋隨喪主的身份而定的。如禮緯：

天子之旗九刃，諸侯七刃，大夫五刃，士三刃，但死以尺易刃。

而士喪禮本文內，說明旌的竹杠長三尺，所以就以此來復原竹杠的長度。

(3)使　用

禮記檀弓：

註一：甘肅武威磨咀子漢墓發掘　考古　一九六〇、九。

鄭注：

銘，明旌也。以死者為不可別已，故以其旗識之。愛之斯錄之矣；敬之斯盡其道焉耳。

夫愛之而錄其名，敬之而盡其道，曰愛曰敬，非虛文也。

因為死者無法辨別其甲、乙，恐怕將來無法認識，因此而失去可愛的父母的尸體，這是表示愛的意思，所以用明旌來標明死者的身份，用種種的標準，來作明旌，叫他禮制化，這就是表示敬的意思。

既夕禮疏云：

此始造銘，且置宇下西階上，待為重訖，置于重，卒塗殯，置于肂。

鄭注：

為銘俊柎，林之肂東。

是先放在西階上，再由「祝」把「銘」放在「重」上，最後由「祝」將銘放在「肂」的東邊。

四、竹　笏

甲、標　本

(1)尺寸：長六〇・〇六公分，中間寬七公分，下端寬六公分。

(2)原料：竹。

(3)數量：一件。

⑷用途：為襲事的時候所用的東西。

乙、論　證

⑴名　稱

傳世古器中，尚無自命名為「笏」的，按士喪禮「陳襲事所用衣物于房中」一章中：

……韎韐、竹笏，……

就依此命名，為此器物的名稱。

⑵原　料

按著士喪禮內的命名，很清楚的寫明著為「竹」笏。

禮記玉藻：

笏，天子以繆玉，諸侯以象，大夫以魚須文竹，士以竹本象可也。

古時，地位不同，所用東西的形制，原料上都會有所區別，藉以表明他的身份和地位，按士喪禮的記載，士所用的笏正是竹做的，我們所復原的器物，毫無疑問的將要採用竹質的笏。在田野考古學的發掘工作上，戰國時代似尚無竹笏出土，這和其本身質料上不易保存有關。

⑶形　制

禮記玉藻：

笏度二尺有六寸，其中博三寸，其殺六分而去一。

注云：

> 殺，猶杼也。

折合現在通用的公尺制，笏是長六十多公分，中間是寬七公分。至於說是「其殺六分而去一」，三寸的六分之一是半寸，除去這半寸尚剩二寸半，合為六公分，這是指由上端向下漸漸變窄，因此下端僅有六公分了。玉藻內對於笏的形制上有下列的記載：

> 天子搢珽，方正於天下也。諸侯荼，前詘後直，讓於天子也。大夫前詘後詘，無所不讓也。

鄭玄對「珽」的注解為「此亦笏也。」又云：「詘為圜殺其首，不為椎頭。……是以謂笏為荼。」

正義云：

> 知又殺其下者，以經之：前詘後詘，故知又殺其下，故下注云：大夫、士文杼其下首，廣二寸半是也。

疏內又云：

> 大夫上有天子，下有己君，上下皆須謙退，故云無所不讓也。
>
> 前詘謂圜殺其首，不為椎頭。
>
> 其中博三寸者，天子諸侯上首廣二寸半，其天子椎頭不殺也。大夫、士下手又廣二寸半，唯笏之中央同博三寸。故云：其中博三寸也。其殺六分而去一者，天子諸侯從中以上稍稍漸殺至上首六分，三寸而去其一分，於有二寸半，在大夫、士又從中以下漸漸殺至其下首，亦六分而去一。

由這些文獻上的詳細記載，使我們在復原這器物上有著莫大的幫助，知道「士」這階級所用的笏，是上端寬八公分，中間寬七公分，下端寬六公分，由上到下漸漸縮窄，兩端不是成椎形，而是成一圓弧形。

⑷用　途

史記夏本紀：

在治忽。

裴駰集解：

鄭本忽作曶(即回)，注云：曶者，臣見君所秉書，思對命者也，君亦有焉云。云則士喪禮古本當亦是曶矣。

尚書鄭注：

曶者，臣見君所秉，書思對命者也，君亦有焉，以出內政教于五官，穆天子傳帔帶搢曶。

尚書郭璞注：

曶長三尺，杼上椎頭，一名挺，亦謂之大圭。

禮記玉藻：

天子搢挺，方正於天下也。

注：

此亦笏者。

因此，笏、珽或一物而異名，按古者圭為玉藻，圭又有鎮圭、桓圭、信圭、躬圭多種，這不在我們的討論範圍之內。

竹笏尚有一名稱——簀版。它是朝見天子時所拿的東西，若有事要呈報，就可以寫在竹笏上面，以免遺忘。在禮記玉藻：

> 將適公所，宿齊戒，居外寢，沐浴，史進象笏，書思命對。
>
> 凡有指畫於君前，用笏。造受命於君前，書前於笏。笏，畢用也。畢用者，因飾焉。

注云：

> 因事而有所指畫，用手則失容，故用笏也。造受命，詣君所而受命也，畢用者，每事皆用之也，因事焉，謂因而文飾之，以為上下之等級也。

至於數量方面，只需準備一件就夠了。

五、戈

甲、標本

一、戈頭

(1)尺寸：援長一四・一公分，寬三・四公分。

胡長一二・八公分。

內長七・四一公分。

援與闌的角度成一〇五度。

⑵原料：銅。

⑶顏色：黃色。

二、戈　籥

⑴尺寸：長六・五公分，寬二公分，高二公分。

⑵原料：竹。

⑶顏色：黑色。

三、戈　筴

⑴尺寸：和戈頭的形狀類似，稍寬，以竹片兩半拼起來，能容納戈頭為限。

⑵原料：竹。

⑶顏色：暗褐色。

四、戈　柲

⑴尺寸：長約一三〇公分。

⑵原料：木。

⑶顏色：暗褐色。

五、戈　鐏

⑴尺寸：長一二·五公分，橢圓徑三公分。

⑵原料：銅。

⑶顏色：黃色。

又，由戈籥道戈鐏全長為一四四公分。

乙、論　證

一、戈　頭

⑴名　稱

傳世古器中，有一種器物是自命名為「戈」的，如安徽壽縣戰國墓內所出土的蔡侯戈，附有銘文為：

蔡侯□之用戈　

早在甲古文上就已經出現有「戈」字，有摹繪戈器形制的，如。也有只摹繪戈頭形狀的，如←，我們就以田野考古學上出土的實物為假想的器物模型。

⑵形　制

(一)戈　頭

戈器形狀本身主要是以戈頭為主要部份，除戈頭、戈柲外，若完整的戈則尚包括了戈鐏、戈籥、戈筴。現分別敘之，以戈頭為先。

說文戈部：

戈，平頭戟也，从弋一橫之象形，凡戈之屬皆从戈。

由此可知和戟有密切關係，說文對戟所下的定義為：

有枝兵也，从戈乹。

周禮注：

榦，長丈六尺，讀若棘，臣鉉等曰乹，非聲義當从榦省，榦，枝也。

最早對戈下一解說的就是周禮考工記，對戈頭的部份說明如下：

戈廣二寸，內倍之，胡三之，援四之。已倨則不入，已句則不決，長內則折前，短內則不疾。

之後，在程瑤田考工創物小記內，對於周禮上有關戈的名詞——內、胡、援做下列的解釋：

其刃向前者，謂之援。援之下垂而附於柲者，謂之胡，其後端曰內。

同時，程瑤田認為戈、戟的不同之處，是在於戟的援部略微昂起，而且內部也有刃，而戈就沒有了。

馬衡戈戟研究一文內(註一)對戈戟之別，說明如后：

又據所見之戈之內，末有刃者，定名為戟，謂治氏顏戈戟皆有援、有胡、有內，所不同者，戟有刺而戈無之，此內末之刃即所謂刺也。此說一出，而治氏之文仍可通，而鄭玄之說遂完全推翻矣。

註一：燕京學報　第五期　民國十八年六月。

按戟者，乃戈之異名，如（郾）侯脮戈之「鍨鉘」，郾侯□戟之名「鋸」。故右買戈，其形則為近人所定之戟，但是其本名則作「戈」，因此名稱是隨著時間、地點而不同。

李濟豫北出土句兵分類圖解內（註一），除了證實考工記內所說的內、胡、援的位置外，又按部位而創新了「側闌、上闌、下闌」新名詞。在討論到標本形制之前，先將李濟之先生對各個部份的詳細說明附錄於后，同時將各部位名稱之詳圖轉載於本圖片之圖十二。

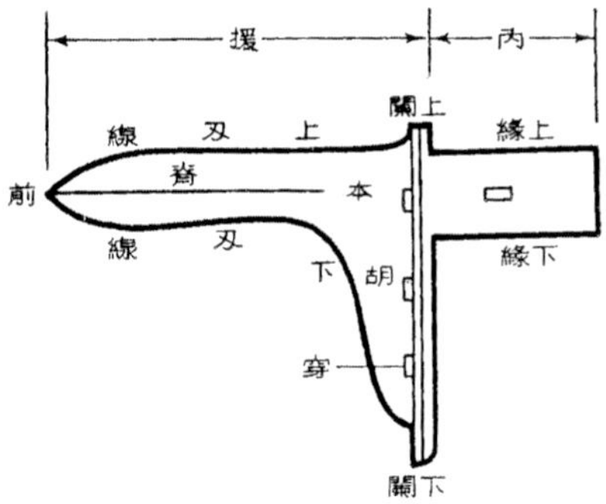

圖一二

援，鉤啄敵人用的，是戈平出的主要刃部，分末、中段、本三部。

胡，從援的本部折轉而下的部份，有孔來貫繩索或絲帶以能綁在柲上。

內，援後面所接的短柄，用來作穿柲用的，通常有穿孔，亦為貫繩或帶之用，史柲能益加牢固。

闌，在援內之間突出部份，由於部位不同，可以分為上下側闌。

此外，上有一部份稱為裡段，士安柄的部份，有些由援本歧出，分成兩翼，於接近後段合而為一，形成一銎，銎的截面作一橢圓形，成一核棗形。

陳瑞麗戰國時代鋒刃器研究（一）一文內（註二）收集了近十年內出土的戰國青銅戈頭一六四件，

註一：史語所集刊第二十二本

註二：考古人類學刊第二十一、二十二期合刊而且在其一說之後附有統計數字，因此其可靠性是相當高的。現將其文章內主要的內容附錄於后：

> 援的形制，大致成舌狀，或作長條三角形；前者比較普遍，後者僅見於戰國早期的戈頭。……援脊之有無，在戰國早期的標本已呈現這一分別，後來可能因為實用上的需要，即有援脊能使戈頭更加鋒利之故，因此到了戰國晚期，青銅戈的援脊起稜就更加普遍化了。援脊凹入者，僅洛陽中州路出土一件(M二七一九：七三號)；並且這件青銅戈，形制相當特異，胡作圓柱形，中空成銎以受柲，更有一穿以固之。由援上不平整的五個穿孔看，此件戈頭可能非實用之兵器，也可能是戰國早期青銅句兵裝柲的嘗試。
>
> ……戰國時代盛行片狀內系，……戰國時期片狀內系，內部形制的變化很大，……戰國青銅句兵內部最普片的形制，為內末呈平整的片狀；這種形制可稱之為「齊內式」。內部通常只有一個穿孔，當然此穿孔是因為固柲而作的，內上有兩個穿孔的形制，到戰國中，晚期方才出現；這第二個穿孔，可能是為繫裝飾物而作的。……內不穿孔之大小大致與胡上穿孔是三角形的，也有圓形的。
>
> 戰國的青銅句兵，已發展了完整的側闌和下闌，並且一班都缺少上闌，……下闌大都自上而下直行。

至今，在田野考古工作上，在戰國墓內，有完整的「戈」出土的，僅有長沙楚墓內的。因此，毫無疑問的在選擇標本原器時，就只能採用此器來復原，現將戈形器全圖轉載於本圖片之圖十三。然後再分別討論戈頭以外的部份。

至於戈頭的原器土出土自長沙識字嶺三二一墓（註一）現將其圖片轉載於本圖片十四、十五。

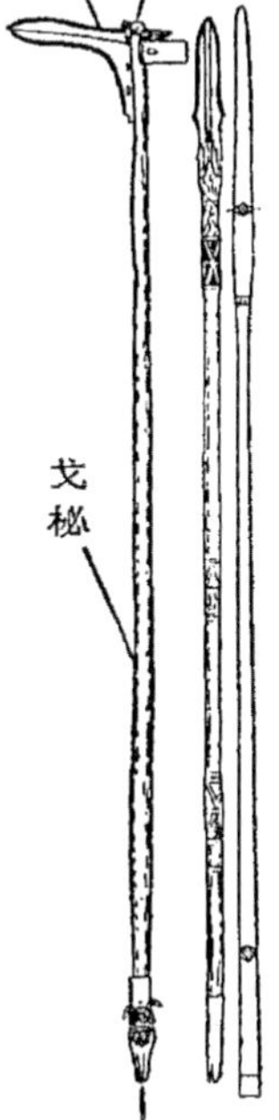

圖一三

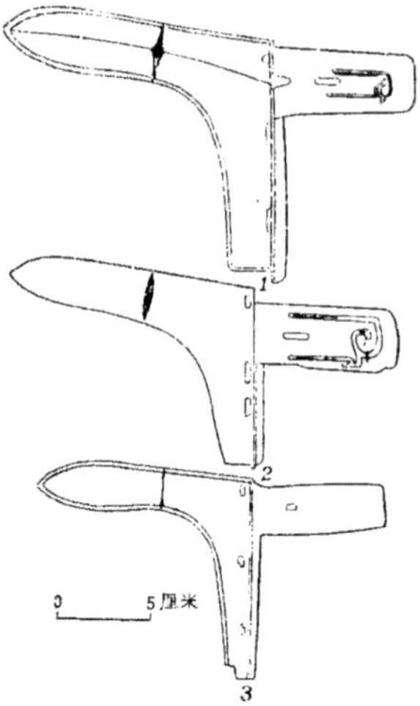

圖一四

圖一五

註一：取自長沙發掘報告圖三七及圖版拾陸。

原報告對其描述如后：

稜脊，闌側三穿，內上一穿，內上有花紋，象飛鳥昂首展翅形狀，援上揚，援與闌間的角度為一百度——一百五十度，內的右下角稍凹進，顏色青褐，有黑斑，出土時附有黑褐色的殘漆鞘，有柲，柲末附銅鐏，出土時戈頭尚在柲上，惜繩繫已朽，穿內之方法不可考。

在顏色上，原報告是記載著為青褐色，這是由於埋藏在地下，有

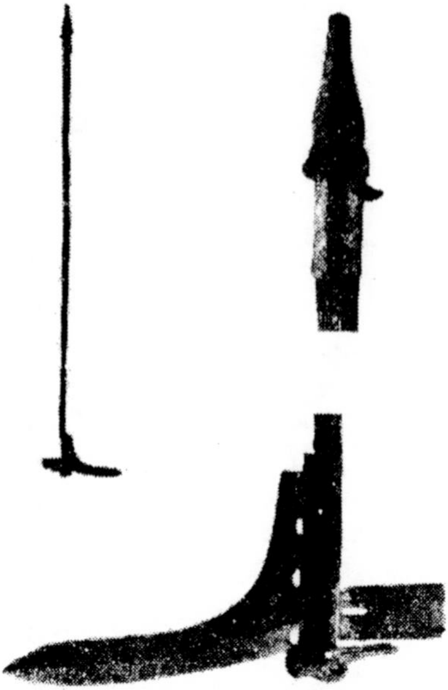

圖一六

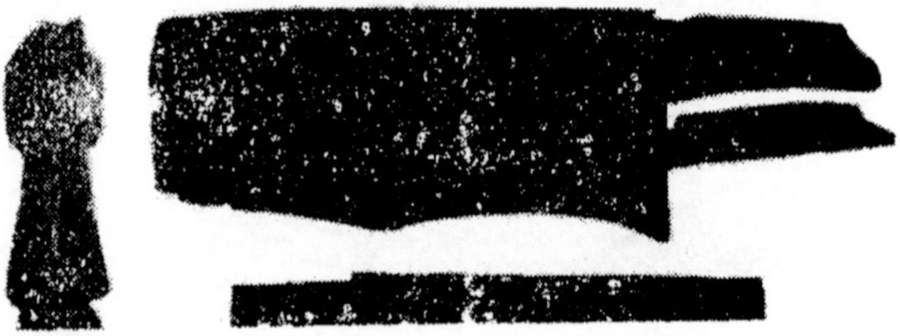

圖一七

銅銹現象之故。傳世之呂不韋戟，澄黃、無銹斑，故我們採用此色，制於戈鐏亦然。

（二）戈籥及（三）戈筴

禮記少儀：

戈有刃者櫝筴籥。

鄭注：

戈，有刃者，以櫝韜之。筴，蓍也。籥，笛也。

孔疏：

筴，蓍也者。曲禮云：筴為筮，故筴為蓍者也。云籥如笛三孔者，案漢禮器知三。

商承祚長沙古物聞見記：

筴蓍籥笛之說非也，筴即夾，亦即莢，言其用，夾藏戈刃于中，言其形，如豆莢，兼此兩義。籥非笛管，乃龠合升斗斛之龠，器中空昌柲，旁有短柄，形如龠量，因以為名。筴籥字從竹，謂其器可以竹木為之，古之粥兵者，必博戈戟于柲，以便持視，防創傷汗光澤，此夾龠之所施也。

長沙發掘報告內的描述如后，並附原圖版於本圖片之圖十六、十七。

側視象鳥形，中空，有方銎，可以貫在戈柲的頂端，色黑。……戈筴、戈頭用兩片木筴夾住，好像劍裝在鞘內一樣，筴是兩片薄片作成，形狀和戈一樣，外面稍稍突起，筴的裏面雕成凹槽，兩片相合，恰好是戈的形狀，可把戈頭裝在筴內，筴外作暗褐色。

(四)戈　柲

說文木部對柲的解說為「柲，欑也，从木必聲。」而欑為「積竹杖也」也就是柄，若附在斧柄上就稱作「鉞柲」，置在戈上就是「戈柲」了。當戈頭要安裝在柲上時，除了需要將柲頭劈為二半外，還得利用繩索，穿過「內」內的「穿」，這樣才能夠安裝得更牢固一些。馬衡戈戟之研究內，對縛柲之法解釋如后：

> 其裝置之法，則以戈或戟之內橫入於柲中，內末露出於柲後者約二分之一，然後以繩繫纏之，由下而上，最後乃由上端之第一孔以及於內上之孔，垂其餘繫於內末，或是更以布帛繫之。蓋古之兵器，往往繫以布帛。漢畫像中，刀環之下有物下垂。……鐏之近口處兩面有孔，柲之末當亦鑿一孔洞穿之，以繩貫而縛之，垂其餘繫於左右，更以布帛繫之，而戈戟成矣。

此外，商承祚長沙古物聞見記內楚戟縛柲有一很清楚的圖片，轉載於本圖片之圖十八。關於長度問題，本文內記載如后：

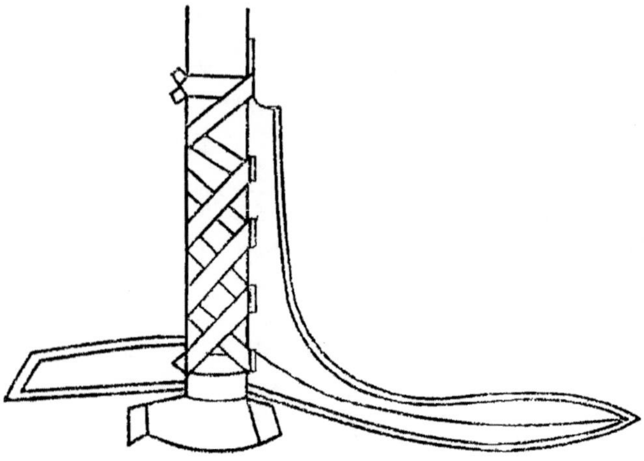

圖一八

二十五年十二月，新北門經武門外杜家山楚墓出殘黍柲，上附戈，柲長五十公分三公厘，柲前殺後博圜，頂橫徑二公分二公厘，直中徑一公分三公厘，戈橫貫柲上，納內孔長三公分，容胡孔長九公分四公厘，縛繩雖腐，遺跡猶存，柲黑黃黍相間隔，凡六節，黃黍之長者達十一公分，戈援至內，橫長十九公分七公厘，胡長九公分六公厘，兩面塗金，今佳存背，塗金則非用器矣。

藏左坊齡復處。

這僅僅是有關一件標本的柲的長度，而石璋如小屯殷代的成套兵器中（註一）又利用甲骨文字來推算它的長度。

甲文上雖有戈字，但文化程度很深，不足以說明器形，若由金文圖象上觀察，則戈這種兵器很簡單，由二個基件構成，一是戈頭一是戈柲。由羅振玉三代吉金文存所錄的圖像式的戈字，約一百一十個單體，單以柲的形制來分可分四類……至於柲的長度，由人和戈的圖像文字上，找出一個原則，其平均數為百分之七十點五，故殷代戈柲的一般長度約為一・一〇五公尺。

至於事實上是否合於此推算，由於缺少實物出土，無法下一斷語，但此物不師為一很好的參考資料。此外，柲長除了和人的長度可能有關外，和戈頭本身的長度倒可能有較密切的關係。雖然柲的長度不知，但是由戈籥到戈鐏的位置上，可以推算出這「戈形器」全長為一四四公分。我們既然採用此器為標本的原器，當然一切尺寸都得按此復原。

（五）戈　鐏

註一：史語所集刊二十二期。

在戈柲之末，多半有銅戈鐏附於其上，也有些是沒有的。禮記曲禮：

進戈者前其鐏，進矛戟者前其鐓。

鄭注：

銳底曰鐏，平底曰鐓。

田野考古學上所出土的銅戈鐏多半也是尖底的，似圓椎形，長沙發掘報告對戈鐏的描述如后，並將原圖轉載於本圖片之圖十九。

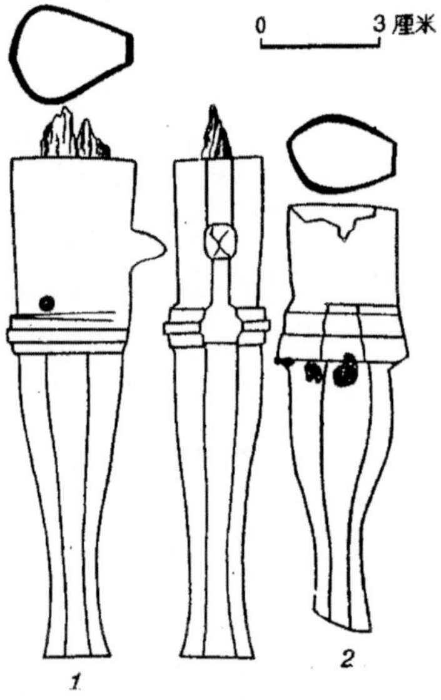

圖一九

上部類似扁筒形中空，中間有凸起的弦文二、三周不等，在下稍歛呈葫蘆形，上有八條豎稜，在凸起的弦紋附近，都有對稱的圓孔一對，想是將戈柲插入以後，用釘橫貫以使牢固的，在弦紋上面有矩鉤一，從戈鐏的斷面上看，一面呈梯形，一面類橢圓，這與戈柲的形狀是有關係的，因為戈與矛的性質不同，可能是為使一操戈柲立即可以辨出鋒刃的方向來，所以柲不宜為圓形。……顏色都是青灰的，三二二號墓所出的戈鐏，尚附在戈柲上。

(3)使　用

一般說戈是兵器，士喪禮所謂的戈，是專門用在儀式上的，在士喪禮「君臨視大斂之儀」一章中：

巫止于廟門外，祝代之，小匡二人執戈先，二人後。

在數量上，一個小臣只要用一個，也就是說一共二個就夠了。

六、杖

甲、標　本

一、苴　杖

(1)尺寸：一三八・六公分。

(2)原料：竹。

(3)數量：一件。

(4)用途：孝子用。

二、杖

(1)尺寸：一九四公分。

(2)原料：木。

(3)數量：一件。

(4)用途：供年長者所用。

乙、論　證

(1)名　稱

(一)苴杖

傳世古器中，尚無自命名為「杖」的，按說文木部：「杖，持也。」又士喪禮「成服，經云，三日，除死日數之，實則喪之第四日」一節內：

三日，成服。杖。拜君命，及眾賓，不敗棺中之賜。

按此命名，應以「杖」為此器物的名稱，但是士喪禮內尚有另一種「杖」，為了方便起見。就以此杖為苴杖為質，故以「苴杖」為假想器物的名稱。

(二)杖

既夕禮「陳器與葬具，載柩陳器二事畢則日及側矣」一章內：

燕器：杖、笠、翣。

依此命名，就為此器物的名稱，並參照田也考古學上出土的實物，來復原此器。

(2)形　制

喪服傳：

苴杖，竹也。削杖，桐也。杖，各齊其心。

禮記喪服小記有同樣的記載，其下注云：

竹杖，圓以象天。削杖，方以象地，父母之別也。

在禮記間傳內也有說明是為父苴杖，所以為父是苴杖，為母則是削杖。因此，我們在此處就採用苴杖。

在知道用何材料後，便要考慮到長度問題，喪服傳內說明杖的長度是「齊其心」是相當抽象式的說法，按著在聶崇義三禮圖內喪服傳圖上卷十五中有一圖片，現傳載於本圖片之圖二十。聶氏對其說明如下：

圖二〇

苴杖，竹也。為父所以杖。用竹者，父是子之天，竹圓亦象天。竹又外內有節，象子為父，亦有外內之痛，又能貫四時而不變。子之為父哀痛，亦經寒暖而不改，故用竹也。

所以，我們在復原時，在標本上的材料，無疑是用竹子做的「杖」。又：

楊倞荀子禮論注：

以苴惡色竹為之杖。

並未說明究竟是什麼顏色。

荀子注：

苴，謂蒼白色自死之竹也。

由此文獻上的記載，所採用的竹子就選用蒼白色，至於其寬度(直徑)，在喪服小記：

經，殺五分而去一，杖大如經。

喪服傳：

苴經者，麻之有蕡者也，苴經大搹。

鄭注：

盈手曰搹，搹，扼也。中人之扼，圍九寸。

我們在選擇標本時，就以竹竿直徑的圓周約二十公分的原則，差不多是拇指和食指圍成一圓圈般的大小。

(二)杖

在殷代出土了不少所謂的儀杖，為西北岡出土的(註一)。在槨頂的一層，都發現送殯行列所用儀杖的痕跡。原物已全部腐化，所餘者惟原物上所塗的顏色，所鑲嵌的石片、蚌片、牙片，松綠石以及所刻浮雕花紋的印痕，顏色以朱紅色者居多，間有白黃黑色。

一般而言，殷時代的杖很少有保留著相當完整的，在甘肅境內，漢墓倒是出土有一相當完整的「鳩杖」(註二)將原圖轉載於本圖版之圖片二十一、二十二、二十三。原報告對其說明如下：

鳩杖：三根，分別出自墓十三與墓十八中。墓十八出土有二根，是長一．九四公尺的木竿，圓徑四公分。一根已殘，殘長四十公分，竿端以母卯鑲一木鳩，平置棺蓋上，有鳩一端向棺首伸出，墓十八的鳩杖上還纏著有木簡十杖。

墓十三出土有一根，杖長一．八一公尺。

註一：胡厚宣　殷墟發掘。

註二：甘肅武威磨咀子漢墓發掘　考古　一九六〇、九。

圖二一　木鳩（墓18，身長19厘米）

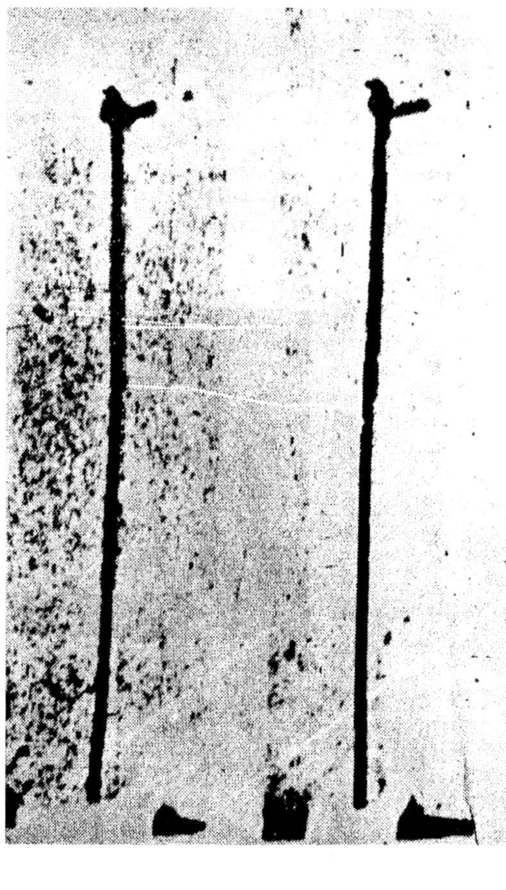

圖二二

上

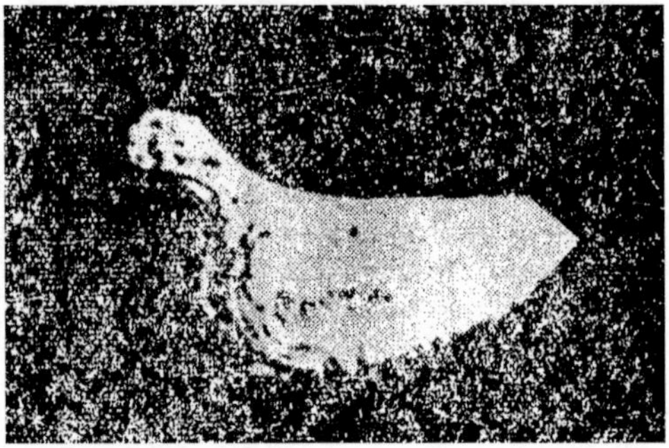

下

圖二三

至於木鳩的長度，在相片上已有清楚的記載，此不贅述。「鳩杖」一詞，主要是由於在杖上還有一個「鳩」，故名「鳩杖」。應劭在風俗通內對此有一說明：

漢高祖與項籍戰京索間，遁叢薄中，時有鳩鳴其上，追者不疑，遂得脫及，即位異此鳥，故作鳩杖賜老人。

我們就採此為假想器物的模型。又在山東出土有一漆杖，供為參考。(註一)(圖二十四)

註一：山東文登縣的漢木槨墓　考古學報　一九五七、一。

木質，長一〇四厘米，六楞，兩端一粗一細，粗端徑長二・六厘米，細端徑長二・四厘米，從斷折處知係裹絹後再髹漆的。

圖二四

(3)使　用

(一)苴　杖

這是孝子用的，為了扶病之故，由於這是用在喪事上的，又稱作「喪杖」，喪服傳內有詳細的說明：

……杖者何，爵也，無爵而杖者何，擔主也，非主而杖者何，輔病也。童子何以不杖，不能病也，婦人何以不杖，亦不能病也。

鄭注：

無爵，謂庶人也，擔，猶假也。無爵者假之以杖，尊其為主也，非主謂眾子也。

此處說明了不為主不杖，婦女及小孩不能病，故亦不杖，禮記喪服四制說與此同，而杖就代表了人的身份，換句話說，杖就是一個人身分的象徵物。但是在禮記上，也有許多地方，說到婦人杖的，為喪大既喪服小記是也，蓋又儒者主張之不同耳。

(二)杖

禮記王制：

五十杖于家，六十杖于鄉，七十杖于國，八十杖于朝。

陳皓集說：

杖，所以扶衰弱，五十始衰，故杖未五十者，不得執也。

可以知道要達到一定的年齡後，才能「杖」，故死以為殉。既夕禮：

藏器於旁，加見，藏苞筲於旁。

可知杖是藏於槨內。

在數量上，士喪禮暨既夕禮內共需二件「杖」，一為竹子的苴杖，及一件以鳩杖復原的就夠了。

七、棺　槨

有關「棺槨」的問題，牽涉到許多除了棺槨本身以外的東西，而彼此之間的關係又極其密切，為棺和棺衽、棺束、槨和折、抗木、抗席、茵的關係。因此併入一大標題內討論，為了能對各個器物有一較系統化的討論，在這個大標題下再予以細分，如此可以知彼此間的關係，在研討時也不過於籠統性。

(一) 棺

甲、標　本

⑴尺寸：長一・九公尺，寬〇・六三公尺，高〇・六公尺。

⑵原料：木質。

⑶顏色：棺外塗黑漆，棺內塗朱漆。

⑷數量：一件。

⑸用途：安放死者的屍體。

乙、論　證

⑴名　稱

傳世古物中，尚無自命名為「棺」的，士喪禮「陳大斂衣奠，及殯具」一章內：

掘肂見衽，棺入。主人不哭，升棺用軸，蓋在下。

⑵形　制

棺，是為了安放屍體用的，說文木部：

棺，關也。所以掩尸，从木官聲。

沿襲至今，棺仍是用木製的，在田野考古學上也可以看出棺是木製的。自然，除了木棺外，也發現有其他資料的棺，如天津的戰國遺址內（註一），出現有瓦棺葬，這是屬於地方性的習俗，在現代的臺灣

註一：天津南郊巨葛庄戰國遺址和墓葬　考古　一九六五、一。

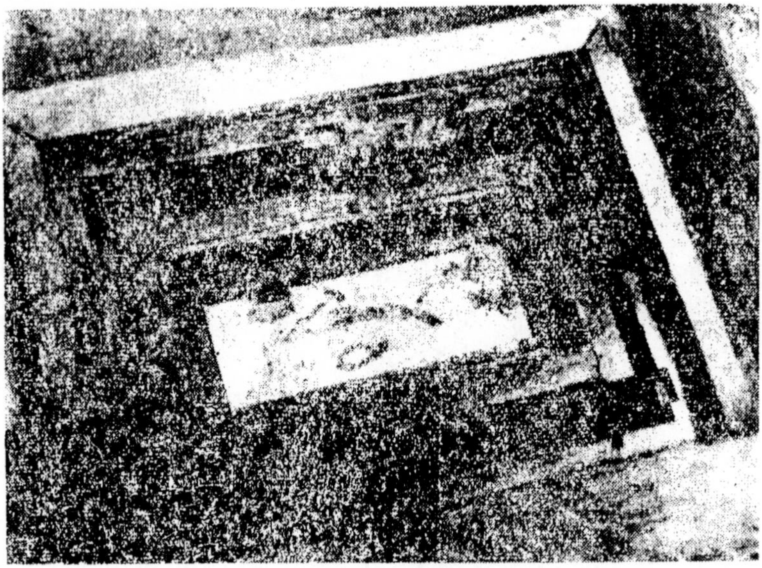

圖二五

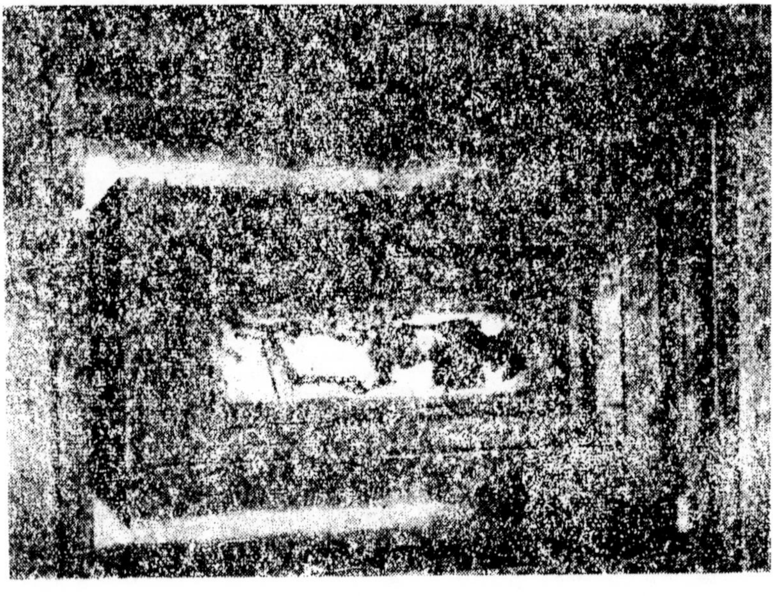

圖二六

圖二七

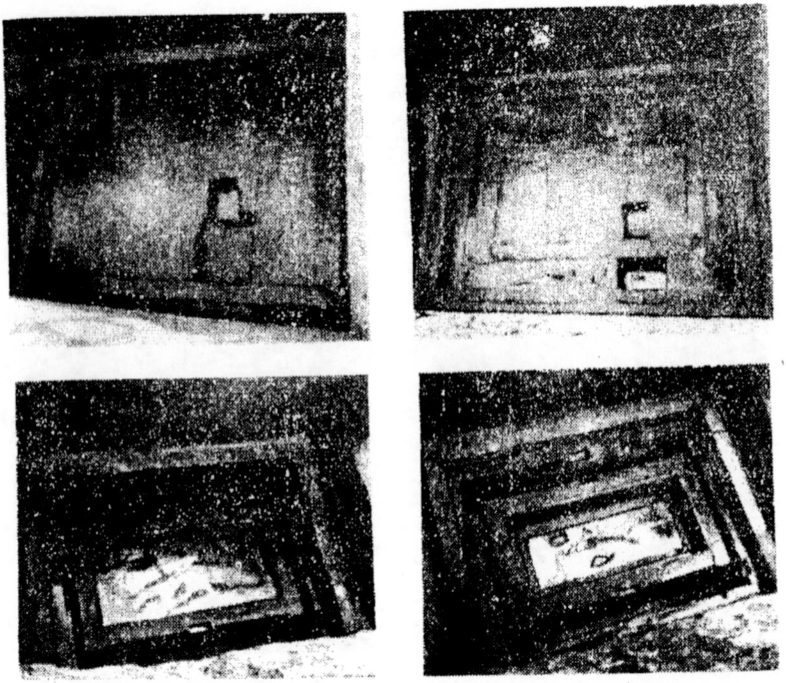

圖二八

高山族內，亦有此葬式，這些都不在我們的考慮範圍之內。談到木棺的形制，由於是要安放屍體用的，因此形式上和人的形狀有關，為一長方形。在長沙一地，有七十三座戰國墓，其中有十三座保存著木製的棺槨。而保存完好的只有四座，其中以五里牌的四六〇號墓，保存得最為完整，此墓為多層棺槨形式，共有五層，長沙發掘報告對其描述如后，並將其圖片轉載於本圖片知圖二十五、二十六、二十七、二十八。

槨室從外面看，是一個用幾塊厚木板合成的長方體，從平面上看共分五層，最外面的一層，僅僅是圈在槨蓋版的周圍，實際上不能算是一層，其餘的四層為外槨、內槨、外棺。

對於棺的數目，可以先由文獻材料上視之，如：

荀子禮論：

故天子棺槨七重，諸侯五重，大夫三重，士再重。

禮記檀弓：

天子之棺四重，水兕革棺被之。其厚三寸，地棺一，梓棺二。四者皆周。

檀弓內，天子的棺為四重；荀子謂連槨為七重，則士為一棺一槨。此與士喪禮亦正同也，在田野考古學上一棺一槨制的墓葬出現很多，以長沙一地為例，有十三座是屬於一棺一槨制。我們所選用的標本原器為長沙廣濟橋第五號墓內的木棺（註一）。

現將原報告對其描述附錄於后，並將圖片轉載於本圖片知圖二十九、三十。

木棺長一・九九公尺，寬〇・六三公尺，高〇・六公尺。外塗黑漆，內髹朱漆，棺身用兩道絲帛封閉，上面又用絲繩縛住，在棺蓋及兩邊，按有銅質獸面銜環八個，蓋板上四個，左右邊各兩個，銅環上有絲繩套住，有個銅環在出土時脫落，環孔裡殘存著漆灰與砂粉末，銅環不是釘子形，而是束腰圓柱式，根據脫落的痕跡推測，銅環按裝的方法是先鑿一個較環釘稍大的圓孔，將環釘插進去，然後將漆灰調以砂末，填塞其空隙，待漆灰乾燥後，環釘即能固定，銅環的獸面是用生漆膠住，木棺底板內向，墊有一塊厚二公分的幾何圖案花板，……木棺結構很嚴

註一：長沙廣濟橋第五號戰國墓清理簡報　文叁　一九五七、二。

圖二九

圖三〇

整，棺蓋、棺底之檔板，都用挂榫結構，由外向內嵌入，蓋、底用子口合縫。

原報告內，未能談到棺壁的厚度，長沙五里牌出土的木棺，其壁厚為十二公分，按禮記喪大記：

君大棺大寸，屬六寸，椑四寸。上大夫大棺八寸，屬六寸。下大夫大棺六寸，屬四寸，士棺六寸。

則士棺應厚十四公分，兩者尺寸，相差不遠，我們就採用這個尺寸。

在顏色方面，喪大記亦有記載：

君裏棺用朱綠，用雜金鐕。大夫裏棺用玄綠，用牛骨鐕。士不綠。

士不綠者之下，鄭注：

悉用玄也。

壓士棺都是玄色了。田野考古工作上，棺外多半是黑漆，棺內為朱漆，五里牌的棺木，外塗褐漆，為紅漆，雖然這些棺主人的身份至今仍無確定，但在不和文獻材料發生衝突的情形下，我們的標本就採用這顏色。

在討論棺的大致形制之後，尚要討論到有關「棺衽」及「棺束」兩部份。

子、棺衽

士喪禮「陳大斂衣奠，及殯具」一章內：

掘肂見衽。

鄭注：

　　肂，埋棺之坎也，掘之於西階上。衽，小要也。

在禮記檀弓和喪大記裡，都又談到「束」。

禮記檀弓：

　　棺束，縮二衡三。衽，每束一。

　喪大記：

　　君蓋用漆，三衽三束；大夫蓋用漆，二衽二束；士蓋不漆，二衽二束。

在檀弓下鄭注：

　　古者棺不用釘，惟以皮條直束之二道，橫束之三道。衽，形如今銀則子。兩端大而中小，漢時呼為小要，不言合物為之，其亦木乎。衣之縫合處曰衽，以小要連合棺與蓋之際，故亦名衽。先鑿木置衽，然後束以皮，每束處必用一衽，故云衽，每束一也。

同此一段下，孔疏：

　　衽，謂燕尾合棺縫際也，束謂以牛皮束棺也。棺兩面各三衽，每當衽上輒以牛皮束之。

現代稱棺衽為「錠勝」，利用這一種方式來接合棺蓋和棺底，在長沙發掘報告內對於棺衽的記載如后：

　　四壁和底拼合再一起，蓋是平的，外棺口的內側有單面的凸槽，高四厘米，寬七厘米，蓋的內側有單面的凹槽，凹凸相接，一如子口的樣子，……凹笋是內側寬而外端窄，凸笋是外端寬而內側窄，因而能夠夾得很緊。

圖二十九內可以看得很清楚，有棺衽的痕跡可尋，惟不限于棺蓋與棺身之合口處。是兩端寬，中間窄的形式，以木頭釘在棺上，其作用和鐵釘相同。至於鄭玄所認為古時不用釘，實際上並非如此，在長

圖三一

沙黃土嶺四十一號墓出土鐵棺釘(見本圖片之圖三十一)(註一)，由此可以證實。鄭康成祇據經文以立言耳。不過在士喪禮內，明文記載有「衽」，我們當然採用「衽」的制度了。

丑、棺束

前面討論「棺衽」時，已附帶的談到「棺束」，是在棺外，用皮條或絲帛繞在棺的表面。

士喪禮：

屬引。

鄭注：

屬，猶著也。引，所以引柩車。

禮記喪大記：

凡封，用綍去碑負引。君封以衡，大夫、士以咸。君命毋譁，以鼓封，大夫命母哭，士哭者相止也。

鄭注：

註一：長沙左家公山的戰國木槨墓　文叄　一九五四、十二。

圖三二

圖三三

> 咸讀為緘，凡柩車及壙，說載、除飾，而屬紼于柩之緘。……今齊人謂棺木為「緘繩」。

由上，我們知道「棺束」又叫作「緘」。緘以葛，後或又以革命為之者，可見於——

墨子節葬篇：

> 禹葬會稽桐棺三寸，葛以緘之。

又說：

今王公大人之為埋葬，則異於此，大棺、中棺、革闠三操。

我們也知道棺束是當衽的部份，用葛布來纏繞棺身而束之，在長沙五里牌出土的棺表面就有葛布封棺的現象，原報告對其描述如后，並附圖片三十一。(註一)

在棺的外部緘以葛布，其緘法是橫緘三周，縱緘二周，葛布寬約〇・四公尺，在葛布的外面，也是用漆塗過的。

在長沙左家公山出土的棺木上，亦有此現象。(註二)

木棺上用三道繩子綑住，每道繩子圍繞七轉，繩子由二股搓成，粗細均勻，質料似絲，腐朽很甚。

由考古學上的資料，知道的確有「棺束」的現象。喪大記內，「棺束」是：

君蓋用漆，三衽三束。大夫蓋用漆，二衽二束。士蓋不用漆，二衽二束。

和檀弓所載不符(見上引)，就檀弓和五里牌出土的棺束相同，我們就按此復原。

(二) 槨

槨，按著既夕禮「陳器與葬具，載柩陳器二事畢，則日及側矣」一章內：

陳明器於乘車之西。折、橫覆之。抗木，橫三、縮二。加抗席，三，加茵，用疏布，緇翦，有幅，亦縮二橫三。

註一：陳公柔士喪禮、既夕禮中所見載的喪葬制度。

註二：長沙左家公山的戰國木槨墓　文參　一九五四、十二。

「空柩、臟器，喪事畢」一章內：

加折，卻之。加抗席，覆之。加抗木、實土三。

由此可知，槨是分為四個部份，依照安放次序為折、抗席、抗木，這些是在槨上的。在棺的下面則為茵，現分別敘述於后。並先附圖片三十四、三十五、三十六。(註一)

圖三四

註一：圖三十四及三十五採自長沙楊家灣M〇〇六號墓清理簡報　文叄　一九五四、十二。
圖三十六採自同期之長沙左家公山的戰國木槨墓。

圖三五

圖三六

子、折

既夕禮鄭注：

折，猶庋也，方鑿連木為之，蓋如床，而縮者三，橫者五，無簀，空事畢，加之壙土，以承抗席。橫陳之者，為苞筲以下，綪於其北，便也。覆之，見善面也。

雜記鄭注：

折，承席也。

又孔穎達在既夕禮下疏：

云折猶庋也者，以其空畢加之於壙上，所以承抗席，若庋藏物然。故云，折，猶庋也。云方鑿連木為之，蓋如床，而縮者三，橫者五，無簀者，此無正又，以經云，橫覆之，明有縱對之，既為縱橫，即知有長短，廣狹以承抗席，故為如床解之。又知縮者三，橫者五，亦約於茵與抗木，但於壙口承抗席，宜大於茵與抗木，故之縮三橫五也。知無簀者，以其縮三橫五，以當簀處，故無簀也。

孔穎達之所以認為在折之上，覆有抗席，是根據既夕禮內「加折，卻之。加抗席，覆之。加抗木」而來的，其形制，就按鄭康成所說為縮三橫五，就是直的有三根，橫的有五根折木。聶氏三禮圖喪器圖上卷十八，附有一圖就是這類形制，現將此圖轉載於本圖片之圖三十七。

陳公柔認為折就是槨蓋板，這是錯誤的，槨蓋，乃抗木也。說見抗木。陳公柔說折是「蓋在棺及槨壁上的橫板，一連幾塊，拼合鋪成」，原文內未指明何墓有此現象，可能是指楊家灣出土的棺槨上的

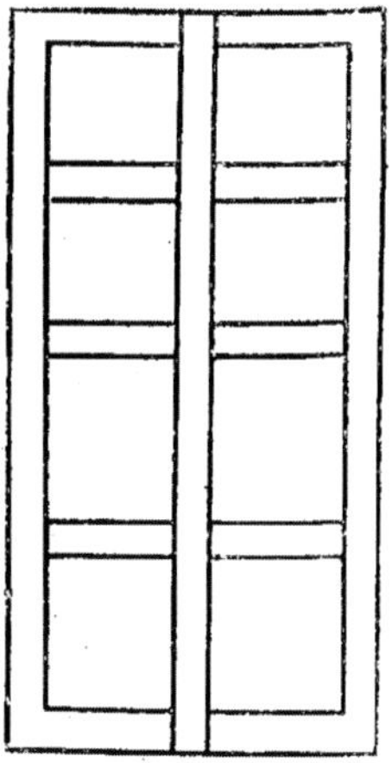

圖三七

四塊木板而言。事實上，也並非如此，這椁蓋板是用來使椁蓋及椁板固定用的。詳見抗木的解說。

按照鄭玄的說法，折是來承抗席的，形狀和床類似，在田野考古學的工作上，似乎尚無真正的折木出土過，我們只得暫時以聶氏所繪之圖，予以復原。

丑、抗席

抗席，按士喪禮是鋪在折上抗木下的，但是在長沙五里牌出土有竹席，是鋪在椁蓋板——抗木上面，這與士喪禮略有不合，原報告敘述如下：(註一)並附圖片於本圖片之圖三十八。

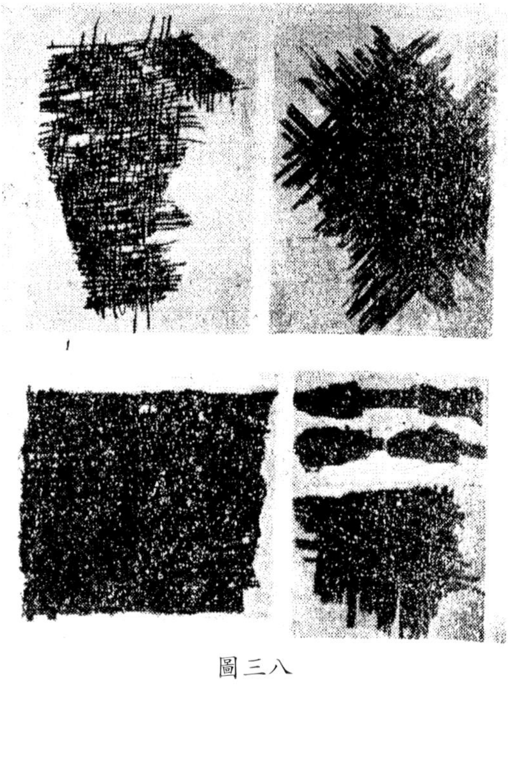

圖三八

註一：長沙發掘報告。

在槨蓋板的上面，鋪有竹皮編成的席，席一共四張拼接鋪成，每張面積約 2.20×1.80 米，厚約〇・〇一厘米，席紋每條寬約一公分。織法象人字形，在剛掘出席上面的泥土時，尚作深綠色，但一和空氣接觸，就立刻變為黑色。

此外，在長沙烈士公園內，在外棺蓋板上蓋有四牀篾席，現將圖片轉載於本圖片之圖三十九。(註一)長沙廣濟橋出土的席子，尚可知其原有的長度，並將圖片附於本圖片之圖四十。其報告對此描述為：(註二)

蓋板之上，又平鋪著一床長三・一六公尺，寬一・七四公尺，人字形織紋的篾席，滅席雖然早被盜墓者折斷，但是殘存的兩大塊，保存得尚好，還可以卷折，

這種篾席可能即是儀禮上所謂的「抗席」，其作用在於避塵。

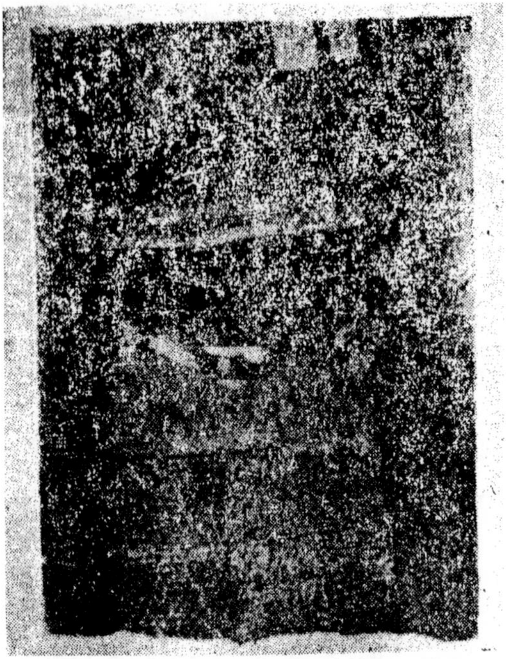

圖三九

在既夕禮內，鄭康成對於抗席的注解是

註一：長沙烈士公園三號木槨墓清理簡報　文物　一九五九、十。

註二：長沙廣濟橋第五號戰國木槨墓清理簡報　文參　一九五七、二。

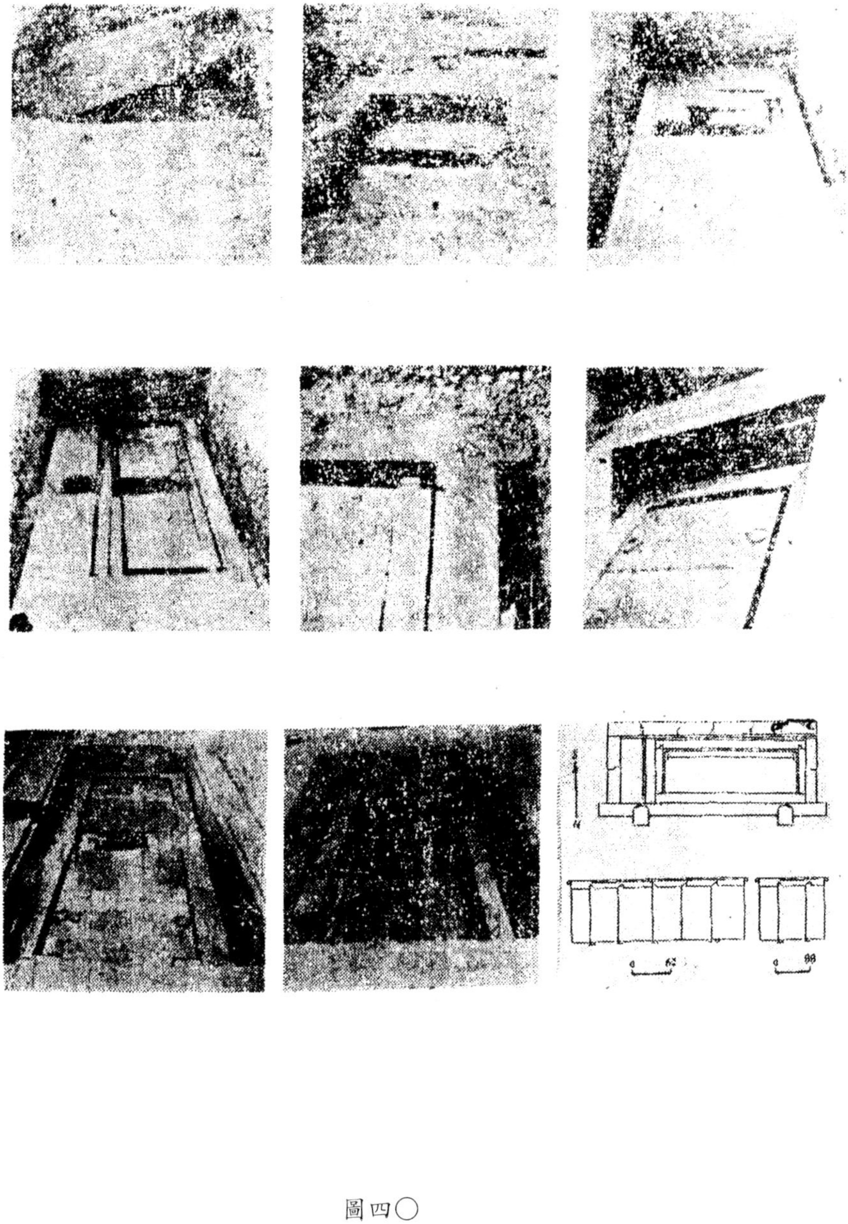

圖四〇

「席所以禦塵」，就是為了避免泥土入侵穴內棺上，所以抗木下面覆上一牀席子。至於此鋪的層次，雖與長沙出者不合(見上)，但是，它的用途，當然是一樣的，就考古學上實物出土，多半是鋪上四牀，相互重疊一部份，在既夕禮本文內就說明抗席有三件，我們標本的長寬，以三件能蓋棺外槨的長寬為原則，聶氏三禮圖喪器圖上卷十七，有一抗席的圖片，現附於本圖片之圖四十一，以為參考。

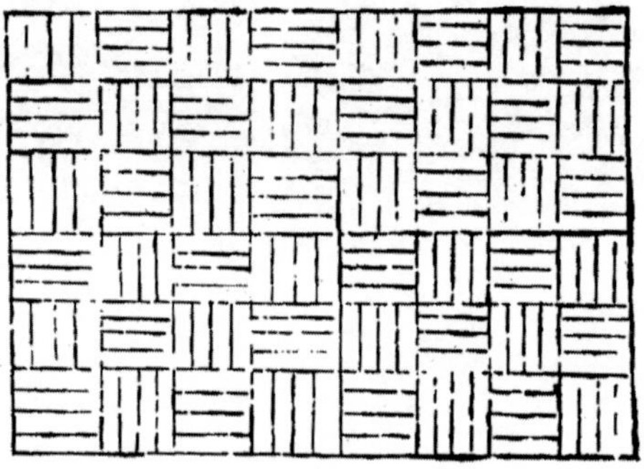

圖四一

寅、抗木

既夕禮：

抗木，橫三，縮二。

鄭注：

抗，禦也。所以禦止土者，其橫與縮，各足掩壙。

它的用途和抗席相同，所以都冠上了「抗」字，表示防禦的意思，陳公柔認為抗木是「圍在蓋板四周的框木，用使蓋板密合」(註一)這只是臆說，抗木很可能就是槨蓋板，因為這兩者的用途相同，楊家灣內出土的槨蓋板，原報告記載如后，並附圖片於本圖片之圖四十二。

槨在穴內略偏左邊，蓋板橫鋪，共鋪四塊，自頭向足，一號六十三公分，二號寬六十九公分，

註一：長沙楊家灣M〇〇六號墓清理簡報 文叁 一九五四、十二。

圖四二

三號寬六十七公分，四號寬六十二公分，長君為一九八公分，厚為二十公分，鋪在外槨的四周邊板之上，板的拼接處有槽子，兩端槨蓋板的底面也刻有深三公分，寬十五公分，長一八六公分的槽子，與槨檔板上突起的榫頭，吻合很緊，使槨蓋及槨板不致移動位置。

在沒有其他實物出土的時，先暫時以此復原。

卯、茵

既夕禮：

加茵，用疏布，緇翦，有幅。亦縮二橫三。

鄭注：

茵，所以藉棺者。翦，淺也。幅，緣之。亦者，亦抗木也，及其用之，木三在上，茵二在下，象天三合地二，人藏其中焉。今文翦作淺。

孔疏：

云加茵者，謂以茵加於抗席之上。此說陳器之時。云用疏布者，謂用大功疏麤之布。云緇翦者，緇則七入黑汁，為緇翦，淺也，謂染為淺緇之色。言有幅者，案下記云，茵著用荼實綏澤焉。此鄭注云有幅緣之者，則用一幅布為之縫合兩邊，幅為袋，不去邊幅用之，以盛著也。故云有幅也，云茵所以藉棺者，下葬時茵先屬引，乃空。則茵與棺為藉，故先入在棺之下也，鄭云幅緣之者，蓋縫合既訖乃更以物緣此兩邊此兩合之處，使之牢固不拆壞，因為飾也，云亦者，亦抗木也者，抗木云縮二橫三，此亦縮二橫三，故知亦者亦抗木也，云及其用之木三在上，茵二在下者，上抗木先云橫三，後云縮二，此茵先云縮二，後云橫三。並據此陳列之時，鄭據入壙而言，故云其用之也，木三在上，茵二在下，各舉一邊而言，其實皆有二三。云象夫三，合地二者，渾天言之，則地上下內外周圍皆有天若然。云木二則在下及其用之，則茵三在下，茵二在上，以此而言木與茵，皆有天三合地二也。云人藏其中焉者，亦謂渾天，而言上下，俱有天地，人尸柩藏其中，故說卦云叄天兩地，又云立天之道，立地之道，立人之道為三材也。

本文之所以將孔疏部分全部引用於此，是由於陳公柔將「茵」視為槨底板和其下面的二橫墊木（見同上引），他認為「加茵用疏布的布，或是用來覆蓋在茵木上的，……或是用來覆蓋在茵木上的……好像柩車有帷飾一樣，前人以為茵是布袋的說法，恐怕不是正確的。」他未能提出前人的說法如何不確的理由，而以長沙五里牌四〇六墓內的槨底墊木，認為這就是所謂的茵。（圖四十三）（註一）沈文倬由檀弓等文獻材料，引申出槨是有底板的，因為他解釋檀弓內「衣足以飾身，棺周於衣，槨周於棺，土周於椁，反壤樹之哉。」而確定士確有底板，按茵，在既夕禮本文內，明言「疏布」，則茵為布製無疑。有茵與槨底板之有無，可為兩事，因為茵，鄭康成明云：「所藉棺者」，士喪禮

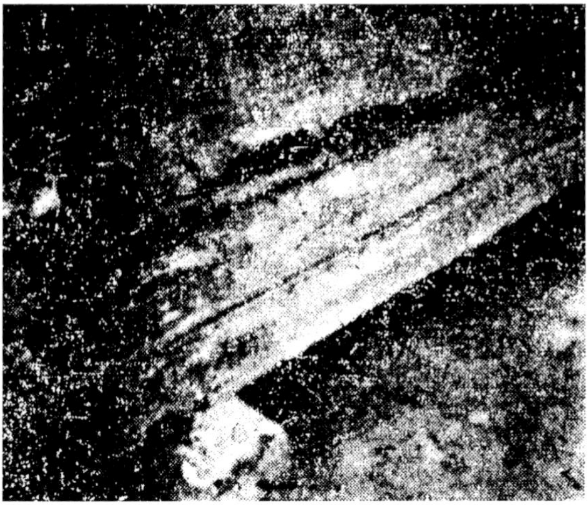

圖四三

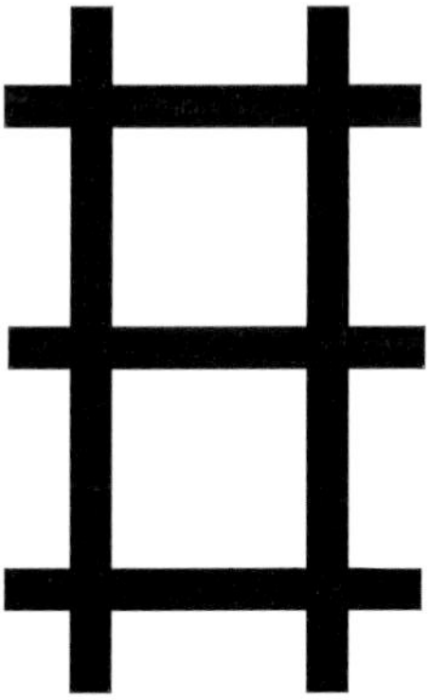

圖四四

註一：考古學報　一九五六、四。

槨置所言甚詳，似無槨底板。長沙出土有之，此或與北之異俗耳，不必執一而廢百也。

在聶氏三禮圖喪器圖上卷十七內，可以視出(圖片四十四)，就按此復原。

八、干

甲、標　本

(1)尺寸：高六一公分。
(2)原料：木材。
(3)數量：一件。
(4)用途：役器。

乙、論　證

(1)名　稱

傳世古器中，尚無自命名為「干」的，按說文干部：

干，犯也。从反入从一，凡干之屬皆从干。

在既夕禮「陳器與葬器，載柩陳器二事畢則日及側矣」一節中，

役器，甲、冑、干、笮。

我們依此命名，做為假想的器物標本。

方言：

九盾自關西而東，或謂之干。

⑵形　制

爾雅廣器：

干，盾也。

在考古學上有實物出土。有一件是皮質漆盾，另一件是木盾。兩件的形制，在尺寸上相差不大，形式上亦然，唯漆盾之上，有著極其精美的圖案，原報告如下：（註一）

漆盾。兩件出自四〇六號墓中，一件長六二·五公分，一件長六三·八公分，盾上兩角作圓形，類似葫蘆，下面兩角方形，中脊稍隆起有稜，並附有嵌銀的銅盾鼻。在內面應有把手，已脫落。盾是皮胎，內外面均施黑漆，極亮，上面用赭石及藤黃兩種顏色繪成龍鳳花紋。盾原放置在「內槨」。外面的東西，即人頭的一方，曾遭盜掘者盜去。據云：出土時尚完整如新，被盜掘者打碎，後經修整復原，現存湖南省文管會。我們發掘時，僅得碎片若干，及漆盾上的銅鼻一件。

現將原報告所附的相片，轉載於本圖片之圖四十五、四十六、四十七、四十八。

註一：見長沙發掘報告。

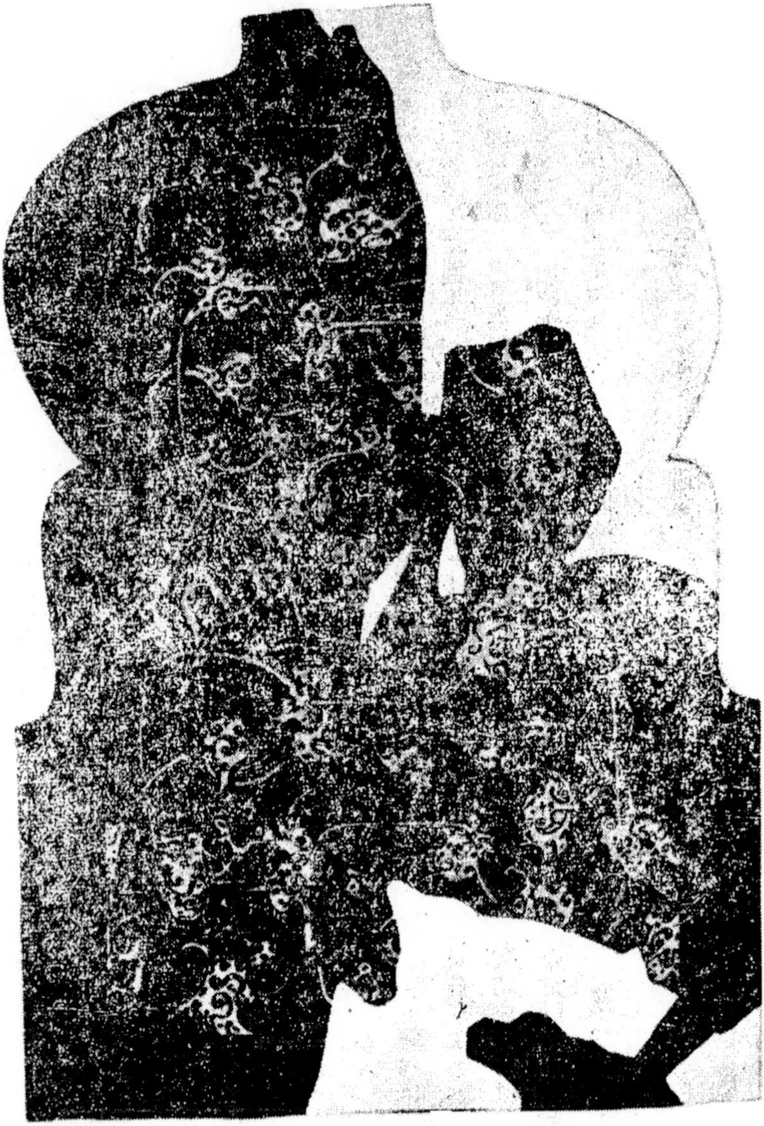

圖四五

圖四六

圖四七

圖四八

至於此器物上之圖案，是被認為屬於四方聯繫形，現附錄原文於后：(註一)

四方聯繫形的結構，完全是用雲紋圖案組成，結構方式較為複雜，它的花紋穿插布局，並沒有受到幾何形式的束縛，畫面既不很規矩，也不散亂，結構變化，使人看來有迷離的感覺，而且不容易看到它明顯的結構路線，如收集的長沙五里牌出土漆盾上的圖案。

戰國漆器圖案是繼承了商代銅器圖案結構的藝術傳統，在技術上進一步發揮了靈活性，同時在這一基礎上更創造出散點聯繫、帶狀、紐結、用點破板、用雲紋補空等新的結構形式，因此使圖案結構更增強了布局生動，變化多端，這一發展是和用毛筆直接在器物上作畫，消除了冶鑄工藝的侷限性有關係的，因而使當時工藝美術家能充份地發輝創造才能。

又如漆盾上的四方聯繫結構，靈活、生動、溶暢，這是當時工藝美術家手法，創出來的藝術結晶，在現存的古代漆器圖案中是實出的一種。

關於此漆盾的用途，長沙發掘報告推想為：

……這種漆盾，可能是作為舞蹈用的舞器，或是一種儀仗及裝飾品，而非實用的兵器，同墓出土的木矛，可以推想舞蹈之器也是可以放入壙內的。

這可能是屬於「燕樂器」之類，而不是所謂的「役器」，因此，這標本暫不考慮。考古學上實物出土的盾，尚有長沙左家公山的木盾。(圖四十九、五十)(註二)

註一：談談長沙出土戰國漆器工藝圖案 文叄 一九五七、七。

註二：長沙左家公山的戰國木槨墓 文叄 一九五四、十二。

木盾。高六一公分，正面中間向外突起，背面有木把手。在田野考古工作上，沒有發現其他更完整的盾。既夕禮內鄭注：「干、楯」可知為木製的，因此我們就採用此物為標本的復原器。

(3)使　用

圖四九

在士喪禮本文內，甲、冑、干、笮上就已清楚的標明為「役器」鄭注此為「師役之器」，都是兵器之類。干，盾也，就是後世所通稱的「擋箭牌」，這些器物，都是放在「槨」內。

圖五〇

乙、士昏禮內器物研究

一、筵

甲、標　本

⑴尺寸：長三六九・六公分，寬七六・九公分。
⑵原料：蒲草。
⑶數量：三件。
⑷用途：為主人招待客人時，及新郎、新娘在行「婦志成禮」時所用。

乙、論　證

⑴名　稱

傳世古器中，尚無自命名為「筵」的，現在依照士昏禮「一使兼行納采、問名二禮及禮使者之儀」一章內：

昏禮、下達、納采、用鴈。主人筵于戶西，西上、右几。

再參照儀禮各篇的記載，及後是注疏家之說，來復原此物。

⑵形　制

在周禮春官司几筵內：

掌五几，五席之名物。

又：

凡大朝覲，大饗時，凡封國命諸侯，王位；設黼依，依前南鄉，設莞筵紛純；加繅席，畫純；加次席，黼純。

其下注：

五席，莞、繅、次、蒲、熊。

這是指諸侯而言，士昏禮內不可能會設五席。由經文內看只有二重，就是在筵上再加席。在司几筵下注：

舖陳曰筵，籍之曰席。

司几筵「設莞筵」下疏：

初在地者，一重謂之筵；重在上者，即謂之席。

禮記祭統疏：

凡設席之法，先設者皆曰筵，後加者為席。

由這些文獻上的記載，可以清楚的了解，凡是先舖在地上的稱作筵，其次是舖在筵上的就是所謂的席了。

在尺寸大小方面，可以參照禮記文王世子：

遠近間三席。

其下注：

席廣三尺三寸三分，則是所謂函丈也。

古尺一尺當於今公尺〇・二三一公尺，換句話說「席」應該寬七六・九公分。長度方面，參照儀禮公食記。

司宮具几，與蒲筵常，緇布純。

鄭注：

丈六尺曰常。純，緣也。

可知長度為三六九・六公分。在筵的四周再滾上黑布做的邊。

⑶ 質　料

儀禮公食大夫禮內已說明了「與蒲筵常」，此外又在詩經小雅斯干內：

下莞上簟。

箋注：

小蒲之席也。

因此，筵可以用蒲草為之。在考古學上，曾經發現不少席子，但都是喪禮上所用的，如衽席及抗席，詳見於士喪禮內對牀及棺槨部份的解說。此不贅述。

(4)使　用

士昏禮「一使兼行納采、問名二禮使者之儀內」一章中：

主人筵于戶西，西上，右几。……

鄭注：

徹几，改筵者，鄉為神，今為人。……徹去其几，後將受賓也，改筵，改西上而車上也。為人設則東上者，統於主人也。

因此，雖然同為一物，但代表的意義就不同了，前者是為神而設，但是現在改成招待客人之用，直到如今，「設筵」一詞，仍然廣泛地被使用者。

士昏禮內「婦至成禮」一章內：

贊告具，揖婦即對筵，皆坐，……

此時，是新郎、新娘相對坐在筵席之上，行婦至成禮的禮節。

二、席

甲、標　本

(1)尺寸：長一八四・八公分，寬七六・九公分。
(2)原料：竹子。

⑶數量：二件。

⑷用途：鋪在筵的上面，詳見筵。

乙、論　證

⑴名　稱

傳士古器中，尚無自命名為「席」的，現按士昏禮及儀禮其他各篇記載，做為此假想器物的名稱。

⑵形　制

席和筵的關係至密，可詳見「筵」的解說，此不贅述。兩者除了質料上的不同外，在尺寸上，寬度和筵同，惟長度不同而已，儀禮公食大夫禮內記下：

加萑席尋，玄帛純。皆卷自末。

鄭注：

丈六尺曰常，半常曰尋。

合於今公尺為一八四·八公分，所滾的邊為黑色——玄的綢子——，帛所鑲成的。

⑶質　料

如前述，詩經及士喪禮內均有「下莞上簟」的記載，說文對簟的解釋為「簟，竹席也。」此外，急就篇竹器：

竹器，簦、笠、簟、籧、篨。

鄭注：

織竹為席，謂之簟。

就是用竹編成的席。但是在詩經斯干內箋注：「竹葦曰簟。」禮記喪大記注：「簟，細葦席。」現以簟從竹，故從許顏之說，在材料上就採用竹子——簟席。

(4)使　用

詳見「筵」。

三、几

甲、標　本

(1)尺寸：連足高三六・六公分，兩旁高三九・六公分。

面長五八公分，面中廣九・三公分。

面中厚一・八公分，面側厚八公厘。

承足高二・六公分，足廣一四・八公分。

足面寬二・六公分。

(2)原料：木質。

⑶數量：一件。

⑷用途：和「筵」一樣，為了敬神而設的，同時也是供人依靠之用。

乙、論　證

⑴名　稱

傳世古器中，尚無字命名為「几」的，現在按士昏禮「一使兼行納采、問名二禮及禮使者之儀」一章內：

主人筵于戶西，西上，右几。

按此命名，為此器物的名稱。

⑵形　制

在聶崇義三禮圖內所載之圖中，几和禁及案極其類似，其書的圖象可靠性，原先就頗值得懷疑，故不採用，僅錄其文於后，以為參考。

阮氏圖，几長五尺，高尺二寸，廣二尺。兩端赤，中央黑漆。馬融以為長三尺。按司几筵，掌五几，左右玉彫彤漆，素詳五几之名是無兩端赤，中央黑漆矣。蓋取彤漆類而髹之也。下云：左右五几。此經所云，王皆立不坐，設左右几者，優至尊也，祀先王唯言昨席，不言几，左者王馮之，右者神所依。詳此經義，則似生人几在左，鬼神几在右，即下云右彫几，右漆几，右素几，俱為神設也，又云：筵國賓左彤几，為生者設也。

若按阮氏圖，几長五尺，折合一一五・五公分，似乎是太長了一些，馬融認為是三尺，則合六十九・三公分，較合理些，但無文獻上的根據，因此只有借諸於田野考古學上實物之出土工作，在長沙

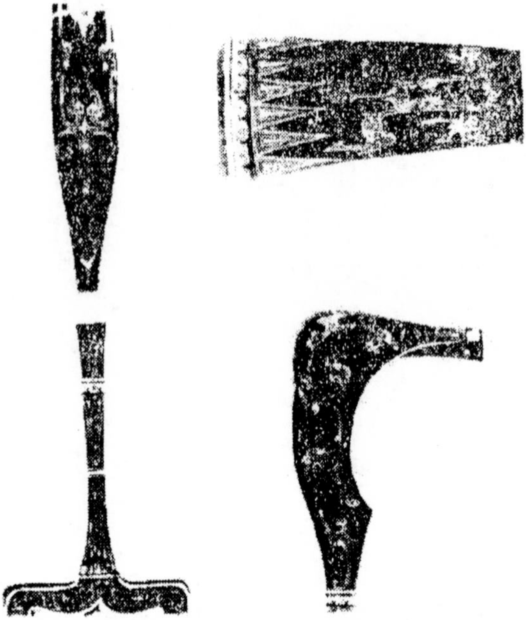

圖五一

圖五二

楚墓內，出土有兩件漆几，一件較高，一件較矮。後者，我們暫且不考慮，主要是高度不夠，若用此几不會有舒適之感。商承祚在長沙出土楚漆器圖錄內對這較高的漆几描述如左，原圖片轉載於本圖片之塗五十一、五十二、五十三、五十四。

凭几，黑漆凭，連足高三十六・六公分……尺面寬二一・六公分，几面微凹，底做雞胸形。

在漢魏六朝，從凭几發展到不同的形狀和不同的用途，各家的注釋也就不一致了，但几這名稱和組在同一墓發現，祇是加上一個「凭」或「坐」來區別它。

和組在同一墓發現，是整套的服用器，為古代養尊處優的人們，或是敬老常設的東西。

至於戰國漆器上的色彩，是用褐黑色作底，以深紅色作補色，朱色與黃色作畫，色與色的配合非常鮮美調和，因此圖案氣氛上顯得富麗堂皇。我們採用此實物為假想的模型，主要是由於報告內敘述為整套

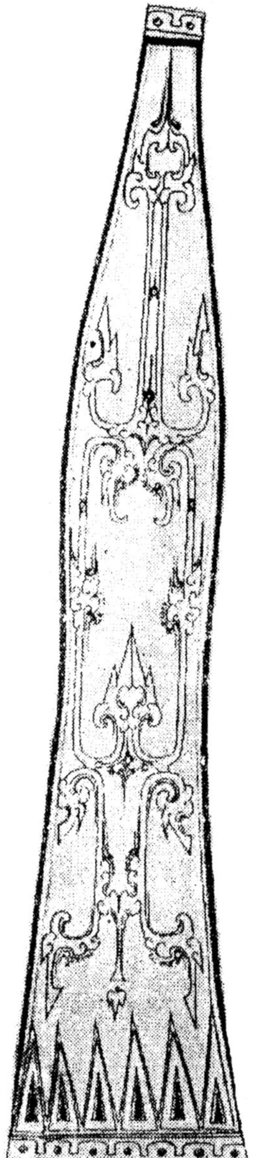

圖五三

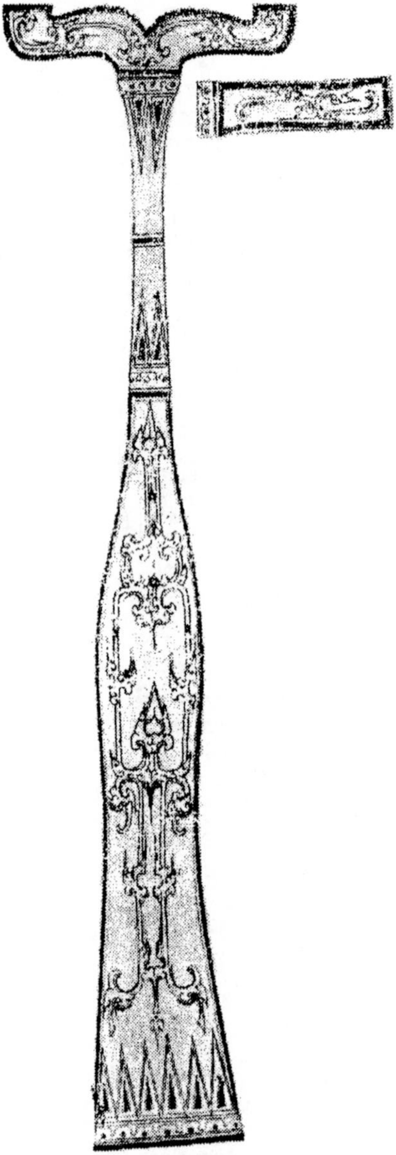

圖五四

服用器內的一件，如士昏禮內几的用途相似，在尺寸上是長五十公分，如馬融所謂長三尺也較近。

(3)使　用

士昏禮：

主人筵于戶西，西上，右几。

也是和筵一樣，為神而設的。几就放在席上右邊——南邊。

四、枕

甲、標　本

(1)尺寸：長徑三九・八公分，短徑一七公分，高一〇・九公分。
(2)原料：木材。
(3)數量：二件。
(4)用途：為寢具的一種。

乙、論　證

(1)名　稱

傳世古器中，沒有本身自稱為「枕」的，現按士昏禮「婦至成禮」內：

御衽于奧，媵衽良席在東，皆有枕，北上。

對枕之命名，就以此為此器物的名稱。

(2)形　制

說文：

枕，臥所以薦首者。

急就篇注：

枕，所以支頭也。

因此可以知道是供為睡覺時，支撐頭部用的。直到現在仍然是如此。枕，在說文內是从木从冘。我們就以木製的枕頭為模型。遺留至今的多半為磁枕，而先秦時代尚無類似枕的器物出土，因此我們的假想模型只有持用較後期的實物，現在選用北宋時代修武窯的綠釉魚波文枕的形制，原圖片轉載於本圖片之圖五十五。

但是在圖案方面，卻不能採用原有的宋三彩圖案，因為這和戰國時代的作風離得太遠了。為了謀求補救的辦法，只好利用戰國時代漆器的圖案。按戰國時代漆器圖案是繼承以前商代，但是在藝術上的表現，就更進一步的發揮了它的靈活性，這主要是能利用毛筆直接在器物上作畫有關，也就使得當時的工藝家或美術家能夠充分地發揮其創造才能。因此，漆器上的圖案就能廣泛的被利用到各種形狀的器物上。我們現在就採用漆几的圖案，詳見「几」的解說。

(3)使　用

士昏禮「婦至成禮」一章中：

御衽于奧，媵衽良席在東，皆有枕，北上。

因此，此枕是專供新郎、新娘入寢時所用的。因而，標本共需二件。

圖五五

中華社會科學叢書
儀禮特牲少牢有司徹祭品研究
儀禮士喪禮器物研究
（儀禮復原研究叢刊）

作　　者／吳達芸、沈其麗　著
主　　編／劉郁君
美術編輯／鍾　玟

出 版 者／中華書局
發 行 人／張敏君
副總經理／陳又齊
行銷經理／王新君
地　　址／11494 臺北市內湖區舊宗路二段181巷8號5樓
客服專線／02-8797-8396　　傳　　真／02-8797-8909
網　　址／www.chunghwabook.com.tw
匯款帳號／兆豐國際商業銀行　東內湖分行
067-09-036932　中華書局股份有限公司

法律顧問／安侯法律事務所
製版印刷／維中科技有限公司　海瑞印刷品有限公司
出版日期／2017年3月三版
版本備註／據1985年9月二版復刻重製
定　　價／NTD 320

國家圖書館出版品預行編目（CIP）資料

儀禮特牲少牢有司祭品研究 ; 儀禮士喪禮器物研究 / 吳達芸, 沈其麗著. -- 三版. -- 臺北市 : 中華書局, 2017.03
面 ; 公分. -- (中華社會科學叢書)(儀禮復原研究叢刊)
ISBN 978-986-94064-5-1(平裝)
1.儀禮 2.祭禮 3.喪禮
531.1　　105022780

NO.F2006
ISBN 978-986-94064-5-1（平裝）